文書情報マネジメント

Document and Information Management

はじめに

　2001年1月22日にe-Japan戦略が策定されながら一向に行政の電子化は進みませんでした。それから17年余り経過した2018年9月7日にDXレポートの初版が発行され、民間企業のデジタル化の遅れに警鐘が鳴らされました。その翌年の2019年5月31日にデジタルファースト、ワンスオンリー、コネクテッド・ワンストップのデジタル化3原則が規定されたデジタル手続法が公布されました。しかし、これらの行政の施策よりも2020年の春先に出現した新型コロナウイルスの感染拡大がもたらした日常生活への大きな制約が、多くの国民にデジタル化の遅れを実感させました。その結果、私たちは従来から課題となっていた育児・介護のための自由な働き方に加え、いつでも起こり得るパンデミックや自然災害においても利用可能で柔軟性のある働く環境を用意する必要性を理解しました。このような現実を背景として、目指すべきデジタル社会の基本理念、施策の策定に係る基本方針等を規定したデジタル社会形成基本法が2021年9月1日に施行されました。

　デジタル時代はデータが競争力の源泉になると言われています。他社にないデータを保持していれば、そのデータを活用して他社よりも優位な位置に立つことができるからです。どの企業も多くのデータを保持していますが、その価値に気づいていないか、あるいはその存在にすら気付いていないことが多いのではないでしょうか。これまで製造業中心の思考で、かつモノの価値を中心に置いて競争戦略を考えることが多かったためでしょう。データの時代と言われる所以は、競争の軸がモノの価値から保持しているデータの価値へと変わり、さらにそのデータの理解および活用へと変わったためです。

　旧「文書情報マネジメント概論」は紙文書も多く残っている時代に書かれました。その後、部分改訂は行なわれましたが、電子文書が当たり前の時代には不足する内容が多くなりました。DXへの期待が高まり、生成AIの利活用も進む電子文書の時代は、紙の文書情報マネジメントに比べて必要とされる知識が格段に増えています。情報セキュリティやリスクマネジメントへの対応も強化しなければなりません。このように環境が大きく変化してきているため、文書情報マネジメントを実践する際の拠り所となる書籍を用意することはJIIMAの使命であるとの認識のもとに本書を発行することとなりました。

　本書は、電子文書が当たり前でデータ利活用の巧拙が企業の競争力を左右する

時代に、それに相応しい文書情報マネジメントを実践するための教科書的存在となることを狙っています。データが競争力の根源になるということは、データ管理もそれ相応に進化させなければならないということです。データを安全・安心に利活用するためには、日常的にデータを使える状態で保存する仕組みができていないといけません。デジタル時代にデータを使える状態で保存するとは、紙文書の時代の読める状態で保存しておくこととは、次元の異なる取扱いが求められます。リスクを最小化し効果を最大化するデータ利活用を実現するためには、組織に文書情報マネジメントが定着していないといけません。そうでないと、例えば生成AIを利活用する場合に、安全性、プライバシー保護、セキュリティ確保、透明性、アカウンタビリティなどの確保ができません。データ、情報、文書および文書情報の関係は、本文で確認してください。

　企業・団体は、情報システムへの投資だけではなくデータおよび情報の取扱いに対する投資も行わないと、これからの時代に情報弱者になりかねないばかりか、企業・団体の信頼を損ねるリスクも背負いかねません。ITリテラシーのみならず情報リテラシーおよびAIリテラシーを高めることは、競争力向上のために必須な取り組みとなります。その上で、各リテラシーは一度獲得すれば済むものではなく、日進月歩で進化するデジタル技術に対応するために継続的に高め続けることが望まれます。情報を安全・安心に利活用するためには情報ガバナンスおよびAIガバナンスが構築されている必要がありますが、それらのガバナンスが機能するためには、組織のガバナンスが機能していることが大前提です。文書情報マネジメントの能力を高めることは、組織の能力を高めることに繋がると考えていただいてよいと思います。

　環境変化の大きな時代においては、文書情報マネジメントのスコープも変化します。そこで本書は、デジタルにより一気通貫で業務運用を行うために必要であって、かつ時代が変わっても引き継がれる基本的な事項を網羅しました。本書は、新たに文書情報マネジメントの導入を検討されている方だけではなく、既に文書情報マネジメントに携わられている方や見直しを検討されている方にも有用な手引きとなります。読者は本書の内容をよく理解し、所属される組織の文書情報マネジメントの仕組みの構築および実践にリーダーシップを発揮され、組織の価値を高めることに貢献されることを期待します。

公益社団法人 日本文書情報マネジメント協会 (JIIMA)

理事長　勝 丸 泰 志

目　次

第1章　情報ガバナンス　　1

　1. 組織経営とガバナンス　2
　2. 情報ガバナンス　2
　3. 情報ガバナンスを支える文書情報マネジメント　2

第2章　文書情報マネジメント　　3

　1. 文書情報マネジメントとは　4
　　1.1　文書情報マネジメントの目的　4
　　1.2　文書とメタデータ　4
　　　（1）文書　4
　　　（2）データ、情報、文書の関係　4
　　　（3）文書の形態　4
　　　（4）文書の形式　5
　　　（5）ファイル　5
　　　（6）メタデータ　5
　　1.3　文書情報マネジメントの原則　6
　　1.4　文書に求められる特性　7
　　1.5　文書の取り扱いに関するプロセス　8
　　　（1）取扱い過程におけるプロセス　10
　　　（2）保存運用過程におけるプロセス　11
　2. 文書情報マネジメントの計画と準備　12
　　2.1　マネジメント方針　12
　　2.2　業務の整理　13
　　2.3　文書の分類　14
　　2.4　作業者のアサイン　15
　　2.5　取り扱う文書の種類およびデータ形式の決定　15
　　2.6　文書を送受する経路の決定　15
　　2.7　文書の信頼性評価方法の決定　16
　　2.8　作業記録内容の決定　16
　3. 文書の取扱いおよび保存運用の実施　16
　　　（1）取扱いの実施（業務の執行）　16
　　　（2）処理への引渡し　17
　　　（3）保存運用への移行　17

(4) 保存運用の実施	⋯⋯⋯⋯	17
4. 監視および監査	⋯⋯⋯⋯	18
5. 文書情報システム	⋯⋯⋯⋯	18
5.1 文書情報システムの機能	⋯⋯⋯⋯	19
5.2 文書情報システム導入の効果	⋯⋯⋯⋯	19

第3章　電子文書 　　　　　　　　　　　　　21

1. 電子文書の種類	⋯⋯⋯⋯	22
2. デジタル情報の基礎	⋯⋯⋯⋯	22
2.1 情報源の符号化	⋯⋯⋯⋯	22
(1) 文字、図形情報	⋯⋯⋯⋯	23
(2) 画像情報	⋯⋯⋯⋯	23
(3) 音声情報	⋯⋯⋯⋯	24
(4) 動画情報	⋯⋯⋯⋯	24
2.2 データ記法	⋯⋯⋯⋯	25
2.3 データ圧縮	⋯⋯⋯⋯	26
2.4 電子文書の表示・印刷	⋯⋯⋯⋯	26
3. 文字情報	⋯⋯⋯⋯	27
3.1 文字集合	⋯⋯⋯⋯	27
3.2 文字符号化方式	⋯⋯⋯⋯	27
3.3 異体字と外字	⋯⋯⋯⋯	28
3.4 人名・地名用異体字	⋯⋯⋯⋯	28
3.5 フォントとグリフ	⋯⋯⋯⋯	28
3.6 ファイルへのフォントの埋込み	⋯⋯⋯⋯	29
4. 画像情報	⋯⋯⋯⋯	29
4.1 カラーモデル	⋯⋯⋯⋯	29
(1) RGB モデル (加色混合)	⋯⋯⋯⋯	29
(2) CMYK モデル (減色混合)	⋯⋯⋯⋯	29
(3) Lab モデル	⋯⋯⋯⋯	30
(4) HSV モデル	⋯⋯⋯⋯	30
(5) YUV モデル	⋯⋯⋯⋯	30
(6) XYZ モデル (CIE XYZ)	⋯⋯⋯⋯	30
4.2 カラー色数	⋯⋯⋯⋯	30
(1) 2 値	⋯⋯⋯⋯	31
(2) グレースケール	⋯⋯⋯⋯	31
(3) 24 ビットカラー	⋯⋯⋯⋯	31

(4) 32 ビットカラー ……………………………………… 31
(5) 16 ビットカラー ……………………………………… 31
(6) 8 ビットカラー (インデックスカラー) ……………… 31
4.3　解像度と階調 ………………………………………………… 32
(1) 解像度 ………………………………………………… 32
(2) 人間の目の解像度 …………………………………… 32
(3) 階調 …………………………………………………… 32
(4) 識別可能な諧調 ……………………………………… 33
4.4　画像データ圧縮 ……………………………………………… 33
(1) JPEG (JIS X 4301 (ISO/IEC 10918-1)) ………… 34
(2) JPEG 2000 (ISO/IEC 15444-1) ………………… 34
(3) LZW 圧縮 …………………………………………… 34
(4) Deflate 圧縮 ………………………………………… 34
(5) ハフマン圧縮 ………………………………………… 34
(6) CCITT G3/G4 圧縮 ………………………………… 35
(7) 算術符号圧縮 ………………………………………… 35
(8) JBIG 圧縮 …………………………………………… 35
(9) RLE (Run-Length Encoding、ランレングス符号化) … 35
4.5　容量に対する目安 …………………………………………… 35
4.6　データ量の計算 ……………………………………………… 35
4.7　カラーマネジメント ………………………………………… 36
(1) カラースペース ……………………………………… 36
(2) ICC プロファイル …………………………………… 37
(3) カラーマネジメントシステム (CMS) ……………… 37
(4) キャリブレーション ………………………………… 37
4.8　画像補正 ……………………………………………………… 37
(1) シェーディング補正 (ホワイトバランス) ………… 37
(2) コントラスト補正 (ガンマ補正) …………………… 38
(3) 2 値化 ………………………………………………… 38
(4) ディザ処理 …………………………………………… 39
(5) 強調処理 ……………………………………………… 39
5.　音声情報 …………………………………………………………… 40
5.1　音質特性 ……………………………………………………… 40
(1) サンプリングレート ………………………………… 40
(2) ビット深度 …………………………………………… 40
(3) ビットレート ………………………………………… 40

5.2　PCM ……………………………………………… 41

5.3　フレーム ……………………………………… 41

5.4　音声コーデック ……………………………… 41

（1）MP3 (MPEG-1 Audio Layer III) ……………… 41

（2）AAC (Advanced Audio Coding) ……………… 42

（3）FLAC (Free Lossless Audio Codec) ………… 42

（4）ALAC (Apple Lossless Audio Codec) ……… 42

（5）Opus (Opus Interactive Audio Codec) ……… 42

6．動画情報 ……………………………………………… 42

6.1　画質特性 ……………………………………… 42

6.2　フレームレート ……………………………… 42

6.3　映像コーデック ……………………………… 43

（1）H.264 (MPEG-4 AVC) ………………………… 43

（2）H.265 (HEVC) ………………………………… 43

（3）VP9 (Video Processing 9) …………………… 43

（4）DivX …………………………………………… 43

（5）Xvid …………………………………………… 43

（6）AV1 (AOMedia Video 1) ……………………… 43

（7）MPEG-2 Video (ISO/IEC 13818-2) ………… 43

7．ファイルフォーマット …………………………… 44

7.1　文章・表計算・プレゼンテーションファイルフォーマット …… 44

（1）OOXML (Office Open XML) ………………… 44

（2）ODF (Open Document Format) ……………… 44

（3）PDF (Portable Document Format) ………… 44

（4）EPS (Encapsulated PostScript File) ……… 46

7.2　画像ファイルフォーマット ………………… 46

（1）JPEG (Joint Photographic Experts Group) …… 47

（2）PNG (Portable Network Graphic) ………… 47

（3）GIF (Graphics Interchange Format) ……… 47

（4）TIFF (Tagged Image File Format) ………… 47

（5）BMP (Bit Map) ……………………………… 47

（6）JPEG 2000 …………………………………… 48

（7）DICOM (Digital Imaging and Communications in Medicine)… 48

（8）DNG (Digital Negative) ……………………… 48

（9）ZIP……………………………………………… 48

(10) RAW（Raw） ……………………………………… 48
7.3 音声ファイルフォーマット ……………………………… 48
(1) 主な音声フォーマット ……………………………… 48
(2) 音声ファイルフォーマットとコーデックの組み合わせ …… 49
7.4 動画ファイルフォーマット ……………………………… 50
(1) 主な動画ファイルフォーマット ………………………… 50
(2) 動画ファイルフォーマットと映像および
音声コーデックとの組み合わせ ………………………… 51

第4章　文書の受領、作成、変換　　　53

1. 文書を受領する上で考慮すべきリスク ……………………… 54
2. 文書の受領 ……………………………………………… 54
2.1 紙文書の取得 ……………………………………… 55
2.2 電子文書の取得 …………………………………… 55
2.3 取得した文書の検証 ……………………………… 56
2.4 取得時に特別な取扱いが必要な文書 ……………… 56
3. 文書の作成 ……………………………………………… 57
3.1 公式な文書の作成 ………………………………… 57
3.2 作成文書の検証 …………………………………… 57
4. 処理可能な形式への変換 ……………………………… 57
4.1 紙文書の電子化 …………………………………… 58
(1) スキャニング作業前の準備および点検 …………… 58
(2) スキャニング ……………………………………… 58
(3) 画像品質の維持 ………………………………… 59
4.2 大量な紙文書の電子化 …………………………… 60
(1) 作業環境、文書の持ち出し ……………………… 60
(2) 準備作業 ………………………………………… 60
(3) スキャニング作業 ………………………………… 61
(4) スキャニングした文書の一時保管 ……………… 61
(5) 作業の経緯情報の保存 ………………………… 62
4.3 電子文書の変換 …………………………………… 62
(1) 画像形式からテキスト形式への変換 …………… 62
(2) バーコード、QRコードからテキスト形式への変換 …… 62
5. メタデータの取得と検証 ……………………………… 62
(1) メタデータの取得 ………………………………… 62

　　　　（2）メタデータの検証　………………………………… 63
　6．スキャニングした電子化文書の検査　……………………… 63
　　　　（1）電子化文書の画像品質検査方法　………………… 63
　　　　（2）スキャニング機器の品質　………………………… 64

第5章　文書の流通、共有、検索、公開　　69

　1．文書の流通・共有環境の変化　……………………………… 70
　2．異なるプラットフォーム間の相互運用 ………………………… 71
　　2.1　相互運用性の原則　………………………………… 71
　　2.2　相互運用性モデル　………………………………… 72
　　2.3　事前の合意形成………………………………………… 73
　3．文書流通における完全性、信頼性、安全性、可用性の確保　… 73
　4．文書の流通、共有、公開　…………………………………… 75
　　　　（1）文書を用いた取引業務　…………………………… 76
　　　　（2）複数組織に亘る文書の共有　……………………… 78
　　　　（3）文書の公開　………………………………………… 78
　5．文書の共同編集 ………………………………………………… 78
　6．文書の検索と参照　…………………………………………… 79
　　　　（1）インデックス情報（メタデータ）　………………… 79
　　　　（2）AI技術の応用　……………………………………… 81
　7．機密の分類とマーク　………………………………………… 83
　　7.1　機密の分類………………………………………………… 83
　　7.2　マーク ……………………………………………………… 86
　　　　（1）文書へのマークの張付け　……………………… 86
　　　　（2）文書を表すデータへの追加　……………………… 87
　8．アクセス制御　………………………………………………… 87
　　　　（1）利用者のアクセス制御　…………………………… 87
　　　　（2）文書の共有とアクセス管理　……………………… 88
　9．文書の暗号化と信頼性確保　………………………………… 89
　　9.1　暗号化運用の概念　……………………………………… 89
　　　　（1）暗号化とは　………………………………………… 89
　　9.2　暗号の使用　……………………………………………… 90
　　　　（1）通信や情報システムの保護　……………………… 90
　　　　（2）電子メールの発信者のなりすまし防止　………… 91
　　　　（3）発信された文書の保護　…………………………… 91

（4）持ち出し可能な媒体の保護 ……………… 91

10. 署名と捺印 …………………………………… 91

10.1 署名とは、捺印とは ………………………… 91
（1）署名とは ……………………………… 91
（2）捺印（なついん）とは ……………… 92

10.2 署名や捺印の電子化 ……………………… 92
（1）署名または記名する行為 ………… 92
（2）署名および捺印の電子化 ………… 93

11. タイムスタンプ ………………………………… 94

第6章　文書の保存、廃棄　　97

1. 保存期間の管理 …………………………… 98
（1）保存期間の基本パターン ………… 98
（2）保存期間の決定時に考慮すべき事項 ……… 98
（3）保存期間の管理単位 ……………… 99

2. 改ざん防止、隠滅防止 …………………… 99
（1）紙文書の場合 ……………………… 99
（2）電子文書の場合 …………………… 99

3. 移行（マイグレーション）後の記録品質の確認の重要性 … 100
（1）移行の目的 ………………………… 100
（2）移行後のマイクロフィルム、光ディスクの記録品質の
　　確認の重要性 …………………… 100
（3）システムのデータ喪失対策 ……… 100
（4）移行計画 …………………………… 100

4. 保存の単位と保存庫 ……………………… 101
4.1　保存の単位 ………………………… 101
（1）紙文書の場合 ……………………… 101
（2）電子文書の場合 …………………… 101
4.2　紙文書における保管という考え方 ……… 102
4.3　紙文書の保存用具と什器、保存庫 ……… 103
（1）紙文書の保存に使用する容器 …… 103
（2）紙文書保存容器を収納する什器 … 104
（3）書庫（書類室） …………………… 104
（4）外部倉庫 …………………………… 104
（5）保存ロケーション管理 …………… 105

(7)

（6）戻し忘れ、戻し場所間違いの防止 ……………… 105
4.4　レポジトリ …………………………………………… 105
4.5　可搬型電子媒体の保存庫 ……………………………… 106
4.6　レポジトリのフォルダ構造 …………………………… 106
4.7　レポジトリのフォルダ名、ファイル名 …………… 107
（1）フォルダ名は、フォルダ階層 / ディレクトリーツリーで
考える ……………………………………………… 107
（2）フォルダ名 / ファイル名は簡潔に …………………… 107
（3）レポジトリの検索機能を前提に ……………………… 107

5.　保存媒体、保存庫の取り扱い ……………………… 108
5.1　保存媒体と保存環境、製品寿命 ……………………… 108
（1）紙 ……………………………………………………… 108
（2）マイクロフィルム ……………………………………… 108
（3）光ディスク …………………………………………… 109
（4）磁気テープ …………………………………………… 110
（5）ハードディスクドライブ（HDD）…………………… 110
（6）フラッシュメモリ（USB メモリ、SD カード、SSD）… 111
5.2　電子媒体の長期保存運用 ……………………………… 111
（1）光ディスク …………………………………………… 111
（2）磁気テープ …………………………………………… 111
5.3　データ保護 …………………………………………… 112
（1）3-2-1 バックアップルール ………………………… 112
（2）バックアップソフトとリストア ……………………… 113
5.4　移行 / 変換 …………………………………………… 113
（1）電子文書の移行 ……………………………………… 113
（2）クラウドサービスの利用 ……………………………… 114
（3）メタデータ、ファイル管理簿の移行 ………………… 114
（4）変換 …………………………………………………… 114
5.5　外部保存倉庫の利用 …………………………………… 115

6.　破棄と廃棄 ……………………………………………… 115
6.1　紙文書の廃棄 ………………………………………… 116
（1）廃棄方法 ……………………………………………… 116
（2）誤廃棄の防止 ………………………………………… 116
6.2　マイクロフィルムの廃棄 ……………………………… 116
6.3　電子文書の廃棄 ………………………………………… 116

（1）論理的に削除してもデータは残る ……………………… 116

（2）レンタル機器を使用した場合 ………………………… 116

（3）自社資産機器を廃棄する場合 ………………………… 117

（4）バックアップデータは残っている ……………………… 117

（5）可搬型電子媒体の物理的破壊 ………………………… 117

第7章　文書取扱いの自動化　119

1．文書取扱いの自動化において検討すべきポイント ………… 120

2．ワークフロー・システム ………………………………… 120

2.1　ワークフロー・システムの類別 ……………………… 120

（1）電子文書承認タイプ ………………………………… 121

（2）申請画面承認タイプ ………………………………… 121

（3）申請画面承認タイプ（専用用途特化型）……………… 122

（4）申請画面承認タイプ（汎用型）……………………… 122

（5）申請画面承認タイプ（グループウェア付属型）……… 122

2.2　フロー制御の重要点 …………………………………… 122

（1）キーマンの承認は外さない ………………………… 122

（2）不在、長期休暇対応機能があること ……………… 122

2.3　大規模組織での利用時の留意点 ……………………… 123

（1）フロー制御は、個人名ではなく、部門、役職名などで
記述する ……………………………………………… 123

（2）申請画面作成管理者、フロー制御管理者の設定 …… 123

2.4　記録の保存における留意点 …………………………… 123

（1）ファイル管理簿の自動作成 ………………………… 123

（2）最終結果の記録管理庫への登録 …………………… 123

2.5　業務処理の自動化推進における留意点 ……………… 124

3．操作・処理の自動化ツール RPA ……………………… 124

（1）RPA ができること ………………………………… 125

（2）RPA ができないこと ……………………………… 125

（3）RPA に向いていること …………………………… 125

（4）シナリオ作りの難易度 ……………………………… 125

（5）RPA ツールの種類 ………………………………… 125

（6）RPA 運用に関する留意点 ………………………… 126

4．OCR/AI-OCR ……………………………………… 126

4.1　OCR の利用用途 ……………………………………… 127

(1) 紙帳票からの指定データの抽出 …………………………… 127

(2) 紙文書から全文テキスト抽出 ……………………… 128

(3) 帳票、文書の識別 ……………………………… 128

4.2　OCR における文字認識のプロセス ……………… 128

4.3　OCR 製品の分類 …………………………………… 128

(1) ソフトタイプ ……………………………………… 128

(2) デバイスタイプ ………………………………… 128

4.4　OCR の対象文字と認識精度の傾向 ……………… 129

(1) OCR の対象文字 ……………………………… 129

(2) AI 技術による認識精度の向上 ……………………… 129

4.5　OCR の認識率が悪くなるケース ………………… 129

(1) 紙の状態、文字の色、画像歪による影響を受ける
　　ケース ……………………………………………… 129

(2) スキャニングの状態、設定により影響を受けるケース … 129

4.6　OCR の誤認識への対応 …………………………… 130

(1) 認識結果のスコア表示 ……………………… 130

(2) 複数エンジンによる修正候補の自動抽出 ………… 130

(3) 修正における入力補助 ……………………… 130

4.7　アプリケーションから作成した PDF ……………… 130

4.8　バーコード、QR コード …………………………… 130

(1) バーコード、QR コードとは ……………………… 130

(2) バーコード、QR コードの特徴 ……………………… 131

(3) バーコード、QR コードの用途 ……………………… 131

5.　AI の発達と適用の拡大 …………………………… 133

6.　管理の自動化 ……………………………………… 134

(1) 保存期間満了日の通知、管理機能 ………………… 134

(2) 監査ログ収集と分析 ……………………… 134

(3) ファイルフォーマット変換 ……………………… 134

第8章　文書情報システムの構築、運用、監査　135

1.　プロジェクトマネジメント ………………………… 136

(1) プロジェクト立ち上げ ……………………… 136

(2) 計画および設計 ……………………… 136

(3) 実行 ……………………………………… 137

(4) 監視・コントロール ……………………… 137

　　　　（5）終了 ……………………………………………………… 138
　2．文書情報システムの構築、運用、監査 ………………………… 138
　　2.1　文書情報システムの構築……………………………………… 138
　　　　（1）文書情報マネジメントの適用 ………………………… 138
　　　　（2）文書情報システムの適用 ……………………………… 140
　3．文書情報システムの適用例 ……………………………………… 141
　　3.1　取引文書の取扱いへの適用 ………………………………… 142
　　3.2　保存運用への適用……………………………………………… 144
　4．文書情報システムの運用管理 …………………………………… 146
　　4.1　サービスレベルの設定………………………………………… 146
　　4.2　稼働監視 ……………………………………………………… 146
　　4.3　インシデントの対応 ………………………………………… 147
　　4.4　運用およびインシデント対応の記録 ……………………… 147
　5．文書情報マネジメント監査 ……………………………………… 147
　　5.1　監査の観点 …………………………………………………… 147
　　5.2　監査項目 ……………………………………………………… 148
　　5.3　監査の実施 …………………………………………………… 149
　　　　（1）電子文書の取扱い ……………………………………… 150
　　　　（2）外部サービスやクラウドの利用 ……………………… 151

第9章　リスクマネジメントとセキュリティ　　153

　1．文書の取扱いおよび保存運用におけるリスクと対策……… 154
　　1.1　リスクの特定 ………………………………………………… 154
　　1.2　方針、技術および運用面からのリスク対策………………… 155
　　　　（1）コンプライアンスリスク対策 ………………………… 155
　　　　（2）法的（訴訟）リスクへの対策 ………………………… 155
　　　　（3）知的財産（知財）リスク対策 ………………………… 155
　　　　（4）プライバシーリスク対策……………………………… 156
　　　　（5）セキュリティリスク対策 ……………………………… 156
　　　　（6）データ品質リスク対策………………………………… 156
　　　　（7）データ損失リスク対策 ………………………………… 157
　　　　（8）技術的リスク（陳腐化など）対策 …………………… 157
　　　　（9）事業継続 ………………………………………………… 157
　2．文書情報システムのリスクと対策 ……………………………… 157
　　　　（1）オンプレミス基盤とクラウド基盤 …………………… 157

（2）信頼性、完全性、安定性、可用性リスクと対策‥‥‥‥‥‥ 158
3. 文書情報マネジメントにおける情報セキュリティリスクと対策 ‥ 159
　3.1 文書情報マネジメントにおける情報セキュリティリスク ‥‥‥ 159
　　（1）サイバー攻撃 ‥‥‥‥‥‥‥‥‥‥‥‥‥‥‥‥‥‥‥ 159
　　（2）誤設定（Miscon figuration）‥‥‥‥‥‥‥‥‥‥‥‥ 159
　　（3）内部脅威（Insider Threat）‥‥‥‥‥‥‥‥‥‥‥‥ 160
　3.2 対策 ‥‥‥‥‥‥‥‥‥‥‥‥‥‥‥‥‥‥‥‥‥‥‥‥ 160

第10章　法令・ガイドライン　163

1. 法律・制度等の概要（法律・制度等の整備の概要）‥‥‥‥ 164
2. 文書情報マネジメントにかかわる法律 ‥‥‥‥‥‥‥‥‥ 165
　2.1 デジタル化・IT 推進関連法 ‥‥‥‥‥‥‥‥‥‥‥‥‥ 165
　　（1）高度情報通信ネットワーク社会形成基本法（IT基本法）‥ 165
　　（2）デジタル社会形成基本法 ‥‥‥‥‥‥‥‥‥‥‥‥‥ 165
　　（3）書面の交付等に関する情報通信の技術の利用のための
　　　　関係法律の整備に関する法律（IT 書面一括法）‥‥‥ 165
　　（4）民間事業者等が行う書面の保存等における情報通信の
　　　　技術の利用に関する法律（e- 文書法）‥‥‥‥‥‥‥ 165
　　（5）電子計算機を使用して作成する国税関係帳簿書類の
　　　　保存方法等の特例に関する法律（電子帳簿保存法）‥ 166
　2.2 電子署名・認証関連法 ‥‥‥‥‥‥‥‥‥‥‥‥‥‥‥ 166
　　（1）電子署名および認証業務に関する法律（電子署名法）‥ 166
　2.3 サイバーセキュリティ・不正防止関連法 ‥‥‥‥‥‥‥‥ 167
　　（1）サイバーセキュリティ基本法 ‥‥‥‥‥‥‥‥‥‥‥ 167
　　（2）不正アクセス行為の禁止等に関する法律（不正アクセス
　　　　禁止法）‥‥‥‥‥‥‥‥‥‥‥‥‥‥‥‥‥‥‥‥ 167
　2.4 通信・データ送信関連法 ‥‥‥‥‥‥‥‥‥‥‥‥‥‥ 167
　　（1）特定電子メール送信適正化法（迷惑メール防止法）‥‥ 167
　　（2）電気通信事業法 ‥‥‥‥‥‥‥‥‥‥‥‥‥‥‥‥ 167
　2.5 行政手続デジタル化関連法 ‥‥‥‥‥‥‥‥‥‥‥‥‥ 167
　　（1）行政手続における特定の個人を識別するための番号の
　　　　利用等に関する法律（マイナンバー法）‥‥‥‥‥‥‥ 167
　　（2）行政手続等における情報通信の技術の利用に関する
　　　　法律（行政手続きオンライン化法）‥‥‥‥‥‥‥‥‥ 168
　2.6 行政・公文書管理関連法 ‥‥‥‥‥‥‥‥‥‥‥‥‥‥ 168
　　（1）行政機関の保有する情報の公開に関する法律

（情報公開法）‥‥‥‥‥‥‥‥‥‥‥‥‥‥ 168

（2）公文書等の管理に関する法律（公文書管理法）‥‥‥ 168

2.7　個人情報・秘密保護関連法 ‥‥‥‥‥‥‥‥‥‥‥ 168

（1）個人情報の保護に関する法律（個人情報保護法）‥‥‥ 168

（2）特定秘密の保護に関する法律（特定秘密保護法） ‥‥ 169

（3）重要経済安保情報の保護および活用に関する法律
（重要経済安保情報保護活用法）‥‥‥‥‥‥‥‥ 169

2.8　企業・金融関連法 ‥‥‥‥‥‥‥‥‥‥‥‥‥‥‥ 170

（1）金融商品取引法（日本版 SOX 法、J-SOX 法、
企業改革法）‥‥‥‥‥‥‥‥‥‥‥‥‥‥‥‥ 170

（2）会社法 ‥‥‥‥‥‥‥‥‥‥‥‥‥‥‥‥‥‥‥ 170

2.9　知的財産・競争関連法 ‥‥‥‥‥‥‥‥‥‥‥‥‥ 170

（1）著作権法 ‥‥‥‥‥‥‥‥‥‥‥‥‥‥‥‥‥‥ 170

（2）産業財産権法 ‥‥‥‥‥‥‥‥‥‥‥‥‥‥‥‥ 171

（3）不正競争防止法 ‥‥‥‥‥‥‥‥‥‥‥‥‥‥‥ 172

2.10　製造物責任法（PL 法）‥‥‥‥‥‥‥‥‥‥‥‥‥ 172

2.11　法的手続関連法 ‥‥‥‥‥‥‥‥‥‥‥‥‥‥‥‥ 172

（1）民事訴訟法 ‥‥‥‥‥‥‥‥‥‥‥‥‥‥‥‥‥ 172

（2）刑事訴訟法 ‥‥‥‥‥‥‥‥‥‥‥‥‥‥‥‥‥ 173

3.　ガイドライン・通達 ‥‥‥‥‥‥‥‥‥‥‥‥‥‥‥‥ 173

（1）医療情報システムの安全管理に関するガイドライン
（厚生労働省）‥‥‥‥‥‥‥‥‥‥‥‥‥‥‥‥ 173

（2）建築確認手続き等における電子申請の取扱いについて
（技術的助言）（国住指第 394 号 国土交通省住宅局建築
指導課長、平成 26 年 5 月）‥‥‥‥‥‥‥‥‥‥ 174

（3）指導要録等の電子化に関する参考資料（文部科学省）‥ 174

（4）先使用権制度事例集（「先使用権制度の円滑な活用に
向けて」特許庁、平成 28 年 5 月）‥‥‥‥‥‥‥ 174

（5）コーポレートガバナンスコード（東京証券取引所、
金融庁）‥‥‥‥‥‥‥‥‥‥‥‥‥‥‥‥‥‥ 174

（6）研究活動の不正行為への対応等に関するガイドライン
（文部科学省科学技術・学術審議会）‥‥‥‥‥‥ 175

（7）地方公共団体におけるセキュリティポリシーに関する
ガイドライン（総務省）‥‥‥‥‥‥‥‥‥‥‥‥ 175

（8）政府機関等の対策基準策定のためのガイドライン
（内閣サイバーセキュリティセンター）‥‥‥‥‥ 175

（9）時刻認証業務の総務大臣による認定制度（総務省）‥ 176

4.　文書情報マネジメントにかかわる欧米の法律等 ‥‥‥‥ 176

4.1 欧米との法体系の違い …………………………………… 176
4.2 各法規制等の概要 ………………………………………… 177
（1）eIDAS ……………………………………………………… 177
（2）GDPR (General Data Protection Regulation) … 177
（3）データ法 (Data Act) ………………………………… 177
（4）eDiscovery (Electronic Discovery) …………… 178
（5）CCPA (California Consumer Privacy Act) …… 178
（6）米クラウド法 (CLOUD Act - Clarifying Lawful
Overseas Use of Data Act) ……………………… 178

略号   179

参考文献   182

1．規格 …………………………………………………………… 182
2．参考資料 …………………………………………………… 183

索引   186

(14)

本書の対象読者

　本書は、業務で扱う文書に関する、方針やルールの策定並びにシステムの構築や運用に携わる方々を対象にしていますが、利用者の方々にとっても良きリファレンスとなることを想定しています。

　本書における電子文書の取扱いについては、読者が情報技術に関する基礎的な知識を備えていることを前提に記述されていますので、必要に応じて、情報技術関連図書をご参照ください。

　公益社団法人日本文書情報マネジメント協会（以下 JIIMA）が発行する書籍の著作権は、JIIMA または著作者に帰属しています。

　本書をはじめとする出版物の文章や図から、無断転載、無断コピーなどは行わないでください。

　著作権法では、著作物を「思想又は感情を創作的に表現したもの」（著作権法第2条）と規定しています。「創作的」とは、文字（言語）で構成されるもののほか、写真や映画、イラスト、絵画、アニメ、データベース、作曲、演奏、振付なども含まれます。

　本書の文章や図は、寄稿や引用などのものを除いて、JIIMA の委員や外部有識者によって書かれています。本書の内容は著作者によって読者に分かりやすく伝えるための工夫を加えて作成されており、著作権は、JIIMA または著作者に帰属します。

　著作権法では私的な複製を認めていますが、書籍をオフィスなどに設置された複写機でコピーして使用することは著作権の侵害にあたり、著作権法で罰せられる場合があります。

　なお、本書に記載された URL（ホームページアドレス）は、編集時点のものです。

第1章

情報ガバナンス

　組織を運営するための活動に重要な役割をもつ枠組みとして、ガバナンスがあります。特に情報ガバナンスは組織内外の行動の統制、情報の透明性確保および法令遵守に大きく影響します。文書情報マネジメントは、文書の取扱いを最適化し正確さを確保することにより、情報ガバナンス実現の一翼を担います。

第1章　情報ガバナンス

1 組織経営とガバナンス

　組織経営におけるガバナンスは、組織を形成する企業や団体が持続的に成功し、社会的責任を果たすための重要な枠組みです。経営者は、組織経営にガバナンスを徹底することによって組織の目標達成、ステークホルダーの利益保護、法令遵守、リスク管理、透明性の確保などの効果が得られます。

2 情報ガバナンス

　組織経営におけるガバナンスを徹底するためには、組織内の行動を律し情報の透明性確保や法令遵守のための情報の運用が欠かせません。この経営の目標を示し、情報を適切に運用することを求める活動が情報ガバナンスです。

3 情報ガバナンスを支える文書情報マネジメント

　情報ガバナンス活動は、それぞれの組織に、情報ガバナンスの方針に基づいて、文書情報マネジメントを運用することを求めることです。

　情報ガバナンスは、情報運用の全体的な方針や戦略、意思決定の枠組みを設定し、組織に徹底していく活動です。一方、文書情報マネジメントは、ガバナンス活動で設定された、情報運用の方針や戦略を達成するために、取扱いや保存運用について、業務を手順化して、業務に対するリスクへの耐性を強化し、文書情報システムに関わる設備や運用に関わる人材、財務を最適に活用できるように管理し、経営的な視点で目標に対する達成状況をモニタリングして、文書の取扱いおよび保存運用を改善する活動です。

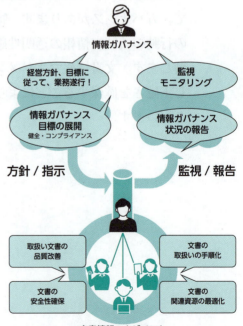

文書情報マネジメントは、経営者の情報ガバナンスの方針/指示によって、運用される。

図1-1　ガバナンスとマネジメントの関係

第2章

文書情報マネジメント

　文書情報マネジメントは、人的、システム的、かつ組織横断的な活動です。経営者のガバナンスに基づいて、情報ガバナンス実現のためのマネジメント目標と枠組みを定め、システムを構築・運用し、適宜評価して見直しを行い、文書の取り扱いを常に最適化された状態を保ちます。

1 文書情報マネジメントとは

1.1 文書情報マネジメントの目的

　文書情報マネジメント（Document and Infomation Management）は、情報ガバナンスの方針の基に、業務における文書と文書を特定し管理するための情報（以下、文書情報という。）を組織的に取り扱い、文書の信頼性と安全性を確保し、説明責任を果たすことを目的としています。

1.2 文書とメタデータ

(1) 文書

　文書は法律的には次のように規定されています。
- 文字やこれに代わる符号で記載されている。
- 永続性のある状態で、ある物体の上に記載している。
- 意志表示したものである。

　つまり、個人や組織の意志を示したり、情報を伝達したりする手段として使用されるものです。

(2) データ、情報、文書の関係

　電子的な仕組みを使用して、文書を取り扱っていくには、データ、情報、文書の関係を理解する必要があります。

　国際的な標準化団体では、図2-1に示すように、「データは事実や数値」、「情報は意味のあるデータ」、「文書は情報およびそれが含まれている媒体（JIS Q 9000）」と定義しています。また、「文書化」は、情報を媒体に表記する作業を言います。

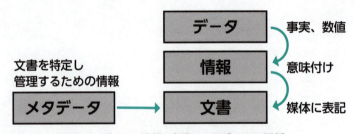

図2-1　データ、情報、文書、メタデータの関係

(3) 文書の形態

　文書は、媒体に応じて次の3つの形態（form）があります。
- 電子文書：電磁的媒体に表記された文書
- 紙文書：紙に表記された文書

• マイクロフィルム文書：マイクロフィルムに表記された文書

(4) 文書の形式

文書は、その内容に応じて様々な形式（format、構造や書式）をもっています。より詳細な構造を示す場合はフォーマットという場合があります。

(5) ファイル

ファイルシステム（OS の一部）が管理する媒体上のデータの単位をファイルと言います。ファイルシステムは、ファイルの名前、保存場所、アクセス権などを管理します。

(6) メタデータ

メタデータとは、文書名や、文書に何が含まれているのか、誰がいつ作成したのか、誰が更新したのかなど文書を特定し管理するための情報を言います。文書を検索するための索引情報、文書の宛先や保存場所を表す制御情報、文書の概要など、多岐に亘る役割で使用されます。

例：身近な場所で使用されているメタデータ

• 図書館の書籍：タイトル / 著者 / 出版年 / ISBN/ ジャンル
• デジタル写真：撮影日時 / 撮影場所（GPS 座標）/ カメラのモデル / 露出時間 / 解像度
• ウェブページ：ページのタイトル / 作成者 / 作成日時 / キーワード / 記述内容の概要

a) メタデータの役割

メタデータには次の役割があります。

① 文書の整理と検索

メタデータを利用することで、特定の文書を効率的に検索できます。

例：図書館のシステムで書籍を検索する際、著者やジャンルで絞り込みができます。

② 文書の理解

メタデータは文書の内容や背景情報を提供するため、文書を理解しやすくします。

例：メタデータの一つである主題を見ることで、何について書かれているかが分かります。

③ 文書の管理

メタデータを使って文書の管理やメンテナンスを行います。

例：メタデータにより保存場所や保存期間を管理します。

b) メタデータの種類

メタデータには、表 2-1 のような種類があります。文書の記載内容を示すメタデータはプロパティとも呼ばれ、汎用的なメタデータのセットとしてダブリンコア（5章　表 5-4 参照）があります。

表2-1　メタデータの種類

	メタデータの種類	例
1	文書の内容を示すメタデータ	作成者、作成日、更新日、主題
2	文書の構成を示すメタデータ	文書のフォーマット、文書を再生するためのプログラム、保存先
3	文書を管理・制御するためのメタデータ	機密性、アクセス権限、保存期間
4	作業経緯を示すメタデータ（経緯情報）	作業者、作業日、作業結果

c）メタデータの管理

　文書の内容や構成を示すメタデータ、および文書を管理・制御するためのメタデータは、文書情報システムに格納され、これらのメタデータに従って文書の管理や制御が行われます。また、作業経緯を示すメタデータ（経緯情報）は、文書情報システムに記録として保存されます。

　なお、文書の内容を示すメタデータの一部は、ファイル内に保存される場合があります。

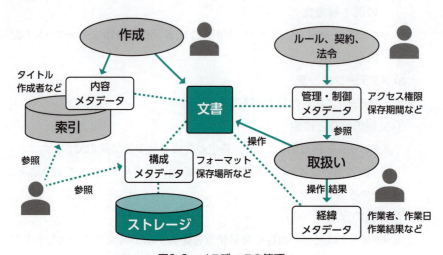

図2-2　メタデータの管理

1.3　文書情報マネジメントの原則

　文書情報マネジメントの原則は次の通りです。本書に記載された文書情報マネジメントはこの原則を実践します。

a）文書の信頼性を維持する

　文書を取り扱う際には、文書の作成・受領、処理、送付のプロセスにおいて、文書の信頼性を確認します。信頼性が確認された文書は、保存運用されます。保存運用の際にも文書の参照および使用、移行、廃棄のプロセスにおいて、文書の

信頼性を確認します。これらの作業によって、文書が正確に取り扱われ、保存運用されることが可能になります。

b) 組織的に運用する

取り扱い対象となる文書、その取り扱い者、取り扱いの流れ、取り扱い時の信頼性維持要件（取扱い要件、保存運用要件）を文書化します。これにより、文書の取扱管理や保存運用が属人化せず、組織の役割として、運用することができます。

c) 説明責任を果たす

例えば、取引の申し込み受付業務では、受付けた文書を確認し、処理システムに登録して、処理依頼します。処理依頼された部門では、内容を更新決裁して、申し込み先に発行します。これらの業務がどのように実行されたのか、受付けた文書を保存運用し、処理した経緯情報と発行した文書を監査します。このような作業によって、ステークホルダーに対する説明責任を果たすことができます。

d) 安全性を確保する

文書の取扱いおよび保存運用において、誰が使用する権限を持っているのか、どのような利用目的の文書か、どのような作業がされているのかなど文書の状態が確認できるようにします。このように文書の取扱いおよび保存運用が監視できるようにすることで、不適切な文書の持ち出しや内容の間違いを防ぐことができます。

1.4 文書に求められる特性

文書に求められる5つの特性を図2-3に示します。文書情報マネジメントの実践を通してこれらの特性を維持することができます。

a) 真正性 authenticity

その内容が作成者の意図に基づいて作成者自身により、その主張する日時に作成されたことを示す特性です。

真正性の確保には、デジタル署名やタイムスタンプの付与、アクセス制御、操作履歴や変更履歴の記録が有効です。

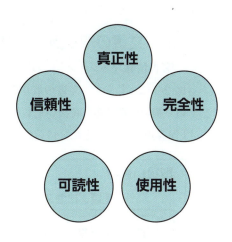

図2-3　文書に求められる5つの特性

b) 完全性 integrity

文書が適切にコントロールされ、完全であり、かつ変更されていないことを示す特性です。許可のない変更・削除（改ざん・隠滅）から保護し、保存期間中に改訂が必要な場合には、改訂の記録を取得することが必要です。

完全性の確保には、文書のハッシュ値の管理、アクセス制限、変更履歴の記録が有効です。

c) 信頼性 Reliability

その内容が、処理、活動、事実の十分かつ正確な表現として信頼できることを示す特性です。

信頼性の確保には、文書の取り扱い手順の標準化、責任者による確認や内容の精査、信頼できる情報源に基づいていることの検証、関連文書間の整合性確認が有効です。

d) 可読性 readability

文書やデータが人間や機械が読み取れることを示す特性です。人間を対象とした場合、見読性とも言います。電子文書は、画面に表示またはプリンタに印刷して読み取れないと人が扱うことができません。

可読性の確保には、フォーマットの統一のほか、機器の劣化や技術の陳腐化に備えることが有効です。

e) 使用性 usability

文書が検索、参照され、内容を読み取ることができることを示す特性です。特に、保存期間中に求められる特性です。

使用性の確保には、検索用メタデータの付与、使用性の評価と改善、長期保存時の適切なマイグレーション（移行）が有効です。

1.5 文書の取り扱いに関するプロセス

文書情報マネジメントにおける文書の取り扱いに関する主なプロセスの構成を図2-4に示します。文書の取り扱いプロセスは、文書の受領、処理、配付などの取り扱いに関する「取扱い過程」と、文書の保存、処分などの取り扱いに関する「保存運用過程」とに分けられます。

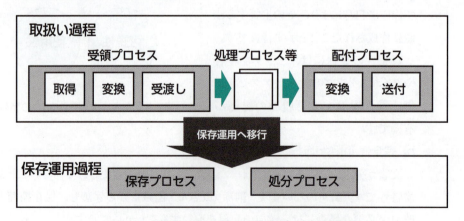

図2-4　文書取り扱いに関する主なプロセスの構成

図2-5 に、取引先から見積依頼を受け付けた場合のプロセスの例を示します。ここでは見積依頼書を受領すると、部品提供者ごとに詳細な見積依頼を作成し、各関係部署に発行します。各部署は見積依頼を受領し、見積作業を行うという連鎖で業務が執行されます。

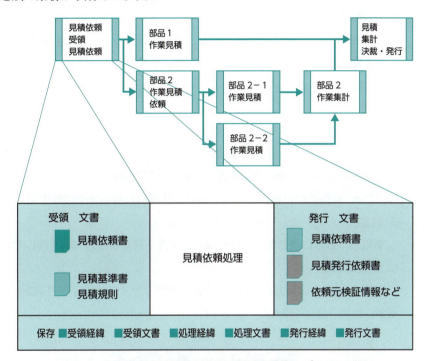

図2-5　取引先から見積依頼を受け付けた場合のプロセスの例

　図2-6 は取扱いと保存運用における各々のプロセスの基本的な動作を表しています。

　取扱いにおいては、各々のプロセスは、入力された文書を処理し、処理した文書を後のプロセスに引き渡すと同時に、プロセスから吐き出される経緯情報と処理前と処理後の文書を保存します。経緯情報は、文書取り扱いの正当性を証明し説明責任を果たすための証拠となります。

　一方、保存運用におけるプロセスは、保存された文書を分類、索引付けし、所定の期間記録として維持します。

　保存した文書と経緯情報とを取扱いから保存運用に移行する契機には以下があります。
①各プロセスでの処理完了と同時
②案件またはプロジェクト終了時
③定期的

各プロセスの概要は次の通りです。

(1) 取扱い過程におけるプロセス

取扱い過程におけるプロセスの基本的な動作は、JIS Z 6020 に規定されています。各プロセスの詳細は第 4 章、第 5 章で説明します。

a) 受領プロセス

外部または他部門から文書を取得し、受領検証を行い、処理に適した変換を行った後処理プロセスに引渡すプロセスです。受領プロセスは、次の作業（ワーク）から構成されます。

① 取得

外部または他部門から文書を受け取り検証を行います。

② 変換

文書の形式や内容を、用途や共有に適した形に変換するプロセスです。これには、ファイル形式の変換、データの抽出、整理、再構成が含まれます。

③ 引渡し

受領し、処理に適した形式に変換した文書を適切な処理に引き渡します。

b) 処理プロセス

文書を入力または出力とする業務処理を行うプロセスです。文書の生成（generate）、更新、決裁、発行作業などが含まれます。

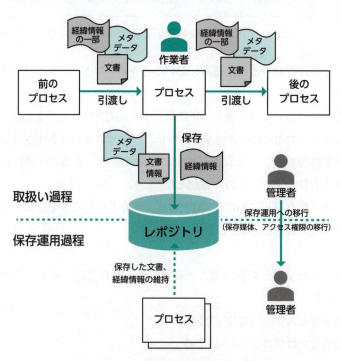

注　メタデータは文書内にあるかデータベース化されている

図2-6　プロセスの基本的な動作

c）配付プロセス

配付先の指定、利用権の検証、配付形式への変換、送付を行うプロセスです。配付プロセスは、次の作業から構成されます。

①変換

配付先に適した形式に変換します。これには、業界標準などの形式への変換が含まれます。

②送付

外部又は他部門に文書を適切な手段（郵送、メール添付、クラウドストレージなど）で送付します。

(2) 保存運用過程におけるプロセス

保存運用過程では、文書（経緯情報を含む。）を保存し維持します。一般に、取扱いを実施する業務遂行組織と、保存運用を実施する保存運用組織は異なります。保存運用におけるプロセスの基本的な動作は、JIS X 0902-1 に規定されています。

a）保存プロセス

①受入整理

文書の管理が、業務遂行組織から保存運用組織に移管されたときの処理を行うプロセスです。このプロセスは次の機能を持ちます。

- 利用者とアクセス権限の引継ぎおよび再設定
- 分類および索引付け

保存された文書を、業務や取り扱い方針によって分類や索引を作成して検索できるようにします。

例えば、業務の分類体系に合わせた索引や文書の内容から取得できる文字列の情報を利用した全文検索による索引を作成しておきます。また、保存中の文書の棚卸作業などに備えて、文書の作成または受領・処理・発行の日付、保存期間満了日を使用して、検索できるようにしておくことが推奨されます。

②参照利用

保存されている利用者とアクセス権、および保存文書の索引の維持管理を行うプロセスです。

③保存維持

保存期間中文書の保存を維持するプロセスです。これには以下の機能が含まれます。

- 許可されていない持ち出しや更新、盗難、消失、破棄の行為から保護するための適切な保存環境の維持
- 媒体およびシステムの移行

留意点として、保存状況の具体的な確認方法や、災害やインシデントが発生し

たときの対応手順を策定して、作業者が対応できるようにしておきます。

また、異なる文書情報システムに移行する場合には、移行先の文書情報システムで、可読性や検索性が維持できるように文書のデータ形式を変換して移行します。移行や変換が必要になった場合には、保存している文書の管理元と調整して、作業を行います。また、移行する際には、移行元と移行先の文書が同じ内容を示していることを検証する必要があります。

b) 処分プロセス

不要になった文書を法的要件や組織のポリシーに基づいて適切に処理するプロセスです。廃棄、破棄および異なる組織への移管が含まれます。

保存期間満了に達した文書は、保存責任者が、移転または保存期間の延長を評価し、この評価結果に基づいて文書を処分します。

2 文書情報マネジメントの計画と準備

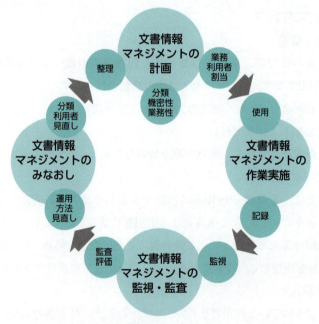

文書情報マネジメントは、計画・実行・監査・見直しのサイクルで運用します。
図2-7　文書情報マネジメントの運用サイクル

2.1　マネジメント方針

経営方針（ガバナンス方針）に基づいて文書情報マネジメントの方針を決定します。

文書の取扱いおよび保存運用プロセスは、業務規程を策定しコントロール（業務的な制約や指示）します。文書を安全に取り扱うために必要なコントロールは、次の考え方で策定します。

a) 役割と責任

　組織的に取り扱う文書には、その文書を取り扱う作業者の役割と責任を規定しなければなりません。役割と責任には、次の内容が含まれます。

・文書の取扱い手順を設定できる役割および責任

・文書の信頼性を指定する役割および責任

　文書の発信者、使用者の指定、内容の間違いが無いかを判断する手順を規定する役割および責任

・信頼性を評価し、信頼があると宣言できる役割および責任

・他の組織に文書を発行することを決定する役割および責任

b) データ保護

　文書を取扱いおよび保存運用している間、文書の内容や経緯情報の破壊、意図せずに持ち出されることを防ぎます。

c) 認証と認可

　認証は、使用者が誰かわかることです。また認可は、使用者が該当の文書を使用できることを許可することです。文書の使用者がわからなければ、文書の取扱いや保存運用が正しく執行されているか否かが判断できません。文書システムを通して、文書を取扱い、保存運用できる使用者を特定します。

d) 経緯の追跡

　作成、配付、受領、更新などの経緯によって、文書の信頼性を監視します。経緯が不適切であれば、文書は信頼できません。

2.2　業務の整理

　　どのような文書を使用するのか、取り扱い方法をどのようにすべきか、保存運用はどのようにすべきかの視点で整理します。

a) 文書の取扱い方法は次の項目によって決定します。

・業務の目的

・文書の完成と業務の完了を決裁する判断はどのようにするか

・業務の記録として、文書を保存する場合の保存対象は何か

・文書をどこから受け取り、どこに発信するか

・文書の使用者および決裁者はどのような業務役割か

b) 文書の保存運用方法は、次の項目によって決定します。

・保存対象の期間

・保存の背景（法定保存文書、関連した業務、機密性）

・棚卸、文書の所在確認期間および方法

・データ形式、可読性確認方法

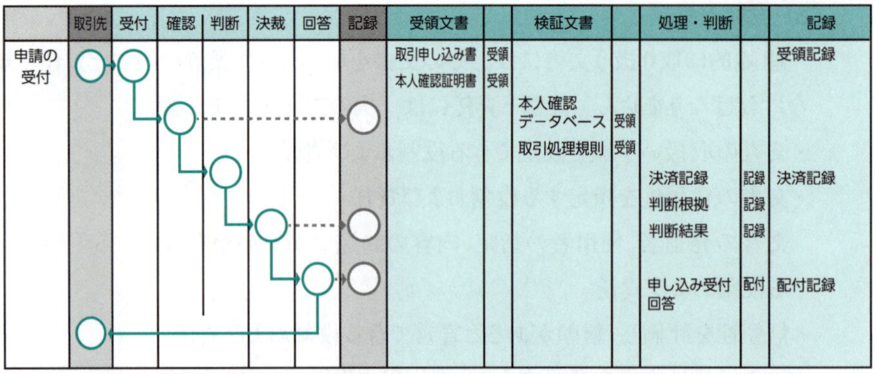

	取引先	受付	確認	判断	決裁	回答	記録	受領文書		検証文書		処理・判断		記録
申請の受付	○	○						取引申し込み書 本人確認証明書	受領 受領					受領記録
			○				○			本人確認 データベース 取引処理規則	受領 受領			
				○								決済記録 判断根拠 判断結果	記録 記録 記録	決済記録
					○		○							
						○	○					申し込み受付 回答	配付	配付記録
	○													

対象の業務の流れと関連文書を対応付けて、取扱いおよび保存運用の対象文書を指定します。

図2-8　文書情報マネジメント対象の業務と関係文書の整理の例

2.3　文書の分類

　業務で取り使う文書の分類を決定します。文書の重要度や役割から文書の種類を特定します。その文書の種類ごとに取扱いのポリシーを割り当てます。

　文書の取扱いの視点から作業者、配付先の指定、記録保存の視点から保存期間や廃棄判断の規準について整理します。

　文書の取扱いおよび保存運用について、次のような視点で分類し規則化します。

・文書の信頼性・機密性が維持できるようにするための規則
・文書を保存運用したときに保存維持できるようにするための規則
・文書を取り扱うために使用するIT 資産の取扱いに関する規則

具体的には、次のような内容を検討します。

・その文書は、どの業務で使用されるか
・その業務を執行する権限(取扱い権限、保存運用する権限)をどの作業者に割り当てるか
・その文書は、どこから受領し、どこに送付するか
・その文書はどこに保存するか
・その文書の完成や品質はどのように確認するか
・文書の配付方針はどのように決定するか
・文書の取り扱い作業記録はどのように記録するか
・記録した文書は、いつまで保存するか
・文書の信頼性はどのように確保するか

文書情報マネジメント　第2章

文書の種類	分類		利用者				保存期間
	機密性	重要度	受付	処理担当	決裁者	取引先	
取引申し込み書	高	重要	○	○	○	○	10年
本人確認証明書	高	重要	○	○	○	○	10年
本人確認データベース	高	重要		○	○		―
取引処理規則	制限	重要		○	○		―
決済記録	制限	重要		○	○		10年
判断根拠	制限	重要		○	○		10年
判断結果	制限	重要		○	○		10年
申し込み受付回答	制限	重要		○	○	○	10年

機密性や重要性から分類レベルを指定する。

図2-9　取扱いおよび保存運用対象文書の分類の例

2.4　作業者のアサイン

　取り扱う文書の種類（形式や分類）に従って、作業内容や確認内容が異なります。文書の種類によって、作業者の役割を決めて、アサインします。

　また、送付者を決めておきます。送付者が本人であることを受領者が認証できる方法や送付権限を持つことを確認できる方法を持つようにします。

2.5　取り扱う文書の種類およびデータ形式の決定

　組織内で取り扱う文書の種類やデータ形式を決めます。受領および送付する文書の種類やデータ形式、フォーマットは、相手組織との調整によって決定します。

2.6　文書を送受する経路の決定

　文書を送受する経路を決めておきます。送付から受領までのネットワークを確認しておくことや、地理的に制限することを考慮します。

　経路の例：

a）郵送または人的な配送

　　紙、マイクロフィルム、可搬形電子記録媒体（DVD、HDD、USBなど）

b）データ交換基盤

c）クラウドストレージ

d）Web APIによるデータベースシステム

e）電子メール

f）ファクシミリ

2.7　文書の信頼性評価方法の決定

　送付者が認可された者であるか、受領する内容の間違いがないか、悪意のある情報が含まれていないか、受領する権利のある文書か、といった受領する文書の信頼性評価方法を決定します。

2.8　作業記録内容の決定

　記録する作業の経緯情報の内容を決定します。

　取り扱いが必要な文書は業務プロセスごとに定められ、権限が与えられた作業者によって処理されます。

　文書情報マネジメントにおいては、どの業務のどの業務プロセスにおいて、どのような権限を持つ誰がどの規定に基づいて作成したかを経緯情報として記録、保存し、次の処理に引き渡します。

　文書情報システムには、受領および変換する作業に伴う文書を取り扱うための機能、文書のデータ形式を変換する機能、処理プロセスへの引渡し機能、作業の経緯情報および受領した文書を保存する機能を備えるようにします。

3 文書の取扱いおよび保存運用の実施

（1）取扱いの実施（業務の執行）

　業務を執行するときに文書を受領し、更新・追加処理します。このとき、分類で示された取扱いポリシーに従って、文書を取り扱います。取り扱いの都度、該当

文書の種類	文書名称	受領組織	受領者	受領日	引渡先組織	引渡先担当	引き渡し日	記録日
取引申し込み書	○○株式会社取引申込書	受付課	受付太郎	2024/10/5	取引判断課	処理次郎	2024/10/5	2024/10/5
	△△株式会社見積検討依頼	受付課	受付太郎	2024/10/5	取引判断課	処理次郎	2024/10/5	2024/10/5
	○◇株式会社取引申込書	受付課	受付太郎	2024/10/6	取引判断課	処理次郎	2024/10/6	2024/10/6
	×△株式会社見積検討依頼	受付課	受付太郎	2024/10/6	取引判断課	処理次郎	2024/10/6	2024/10/6
	○×株式会社取引申込書	受付課	受付太郎	2024/10/7	取引判断課	処理次郎	2024/10/7	2024/10/7
	○◆株式会社取引申込書	受付課	受付太郎	2024/10/7	取引判断課	処理次郎	2024/10/7	2024/10/7
	◆○株式会社取引申込書	受付課	受付太郎	2024/10/7	取引判断課	処理次郎	2024/10/7	2024/10/7
	△×株式会社見積検討依頼	受付課	受付太郎	2024/10/8	取引判断課	処理次郎	2024/10/8	2024/10/8
	××株式会社見積検討依頼	受付課	受付太郎	2024/10/8	取引判断課	処理次郎	2024/10/8	2024/10/8

業務を執行したときに、受領したり、処理したりした文書の、経緯（履歴）がわかるようにします。

図2-10　受付し処理に引き渡しした文書の運用記録の例

の文書の操作や更新および完了の決裁など経緯情報（履歴）を取得し、業務が完了したときに経緯情報とともに文書を保存運用に移行します。

(2) 処理への引渡し

取得した文書を引き渡すときは、文書の受領検証および変換検査が完了していることを確認し、指定された処理作業者に文書を引き渡します。

(3) 保存運用への移行

文書は、取得、変換、処理への引渡し、および配付の都度、その作業の経緯情報と共に保存運用へ移行します。保存運用する媒体には、保存運用に移行する経緯情報を含めて、文書を格納します。保存運用で使用される記録媒体の運用は、JIS Z 6017 で示されている手順で運用します。JIS Z 6017 は、長期保存文書の規定および業務手順の文書化、保存ファイルの種類 、見読性の維持、電子化文書の廃棄、監査、監査記録の保存、長期保存ファイルの種類、長期保存運用モデルについて規定しています。

なお、保存運用する期間および保存運用の場所については、文書が適用される法令に従って、決定します。

(4) 保存運用の実施

a) 保存運用の開始

文書の取扱い作業を完了した文書とその取扱いの経緯情報を保存します。取扱い作業の記録や保存目的に基づいて、索引情報や保存期間を設定して、保存運用を開始します。

b) 保存対象文書の監視

保存している文書の保存期間（廃棄しなくてよいか）、可読性、検索性（探し出すことができるか）、完全性の視点で、保存運用の監視および監査を実施します。

文書が不適切な状態である場合には、復旧作業を行う必要が生じます。

また、文書情報システムが老朽化することで文書の可読性が失われた場合には、文書情報システムを移行（マイグレーション）する必要が生じます。

c) 廃棄

保存期間が満了した文書を、保存を継続するか廃棄するかを評価します。保存期間の延長とした場合には、保存期間の満了日を延長して、保存を継続します。廃棄することを決定した文書は、廃棄します。

第2章　文書情報マネジメント

文書の種類	保存機関	文書名称	記録者	記録日	棚卸	廃業予定	期限検証
取引申し込み書	10年	○○株式会社　取引申込書	受付太郎	2024/10/5	2027/10/5	2035/10/31	2034/10/31
		△△株式会社　見積検討依頼	受付太郎	2024/10/5	2027/10/5	2035/10/31	2034/10/31
		○◇株式会社　取引申込書	受付太郎	2024/10/6	2027/10/5	2035/10/31	2034/10/31
		×△株式会社　見積検討依頼	受付太郎	2024/10/6	2027/10/5	2035/10/31	2034/10/31
		○×株式会社　取引申込書	受付太郎	2024/10/7	2027/10/5	2035/10/31	2034/10/31
		○◆株式会社　取引申込書	受付太郎	2024/10/7	2027/10/5	2035/10/31	2034/10/31
		◆○株式会社　取引申込書	受付太郎	2024/10/7	2027/10/5	2035/10/31	2034/10/31
		△×株式会社　見積検討依頼	受付太郎	2024/10/8	2027/10/5	2035/10/31	2034/10/31
		××株式会社　見積検討依頼	受付太郎	2024/10/8	2027/10/5	2035/10/31	2034/10/31

保存期間内の文書が遺失していないか、可読性が失われていないか確認します。

図2-11　保存スケジュール検証記録の例

4 監視および監査

　文書の取扱いおよび保存運用で記録された経緯情報や保存運用されている文書と取扱い規程、保存運用規程を照らし合わせて、監査します。

　取扱いや保存運用の方法に課題がある場合には、作業方法を改良します。

　文書情報マネジメントは、法令などの社会的なルールの変更や情報技術の進展の影響があることがあります。監査で得られた運用の問題のみならず、法令の改正や情報技術の影響についても評価し、常に文書の取扱いや保存運用の方法が最適な状態になるようにしなければなりません。

5 文書情報システム

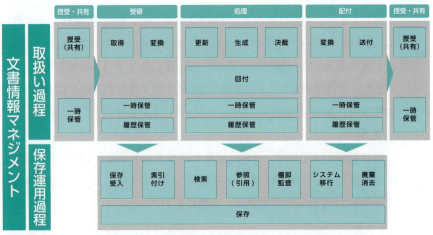

文書情報システムは、文書の取扱いおよび保存運用に関わるシステム機能、組織外との文書の共有および授受に関する機能を持ちます。

図2-12　文書情報システム

文書を取扱いおよび保存運用するための情報システムを文書情報システムと呼び、運用まで含む概念です。

5.1　文書情報システムの機能

文書情報システムは、次の機能を持ちます。これらの機能を使用して、文書情報マネジメントを運用します。

① 文書の取扱い機能
・文書を受領および変換する機能
・文書を更新・決裁するための機能
・文書を変換および配付する機能
・文書を組織間で共有および授受するための授受共有機能

② 保存運用機能
・保存受け入れ機能
・索引付け機能
・検索・参照（引用）機能
・棚卸・監査機能
・破棄・廃棄機能
・システム移行機能

5.2　文書情報システム導入の効果

文書情報マネジメントの運用に文書情報システムを導入することにより、次のような効果があります。

① 変換作業や入力作業を自動化
定型的な文書を取り扱う場合には、その取扱い方法を自動化することができます。これにより繰り返し作業を人的に行う必要がなくなり、入力作業でのミスを低減することができます。

② 処理フローの自動化
決裁の手順など処理および回付作業を自動化することができます。これにより、作業者間の確認や検証の漏れや作業手順の漏れを防ぐことができます。

③ 配付の安全性確保
文書の配付や共有を組織的に管理することができます。これにより、意図せず

に文書が漏洩することを防ぐことができます。

④ 文書流通の安全性確保

　文書を複数の組織間で、共有したり、授受したりする場合に、文書を適切にアクセス管理できるようにできます。これにより、文書を安全に共有・授受することができます。

⑤ 保存運用の安全性確保

　法的要件などで、適切な保存期間を確保する必要のある文書や、将来に亘り有効な文書を安全に保存運用することができます。

第3章

電子文書

　業務で取り扱う文書は、紙文書から、コンピュータが直接扱うことのできる電子文書へと大きく変化しています。取り扱う情報も、文字情報から、画像、音声、動画情報まで含むようになり、これらを取り扱うためには、その特性や構造を理解し、適切な形式を取捨選択する必要があります。

第3章 電子文書

1 電子文書の種類

電子文書には次のような種類があります。
- オフィス文書（ワードプロセッサー、スプレッドシート、プレゼンテーション）
   Microsoft の Word、Excel、PowerPoint に代表される文書。文字列や図形情報に加え、画像情報やマクロを埋め込むことができます。
- 画像データ
- 音声データ
- 動画データ
- CAD（Computer Aided Design）データ
- 地理データ
- トランザクションデータ
- DB のデータセットをフォームに埋め込んだフォーム化データ

2 デジタル情報の基礎

2.1 情報源の符号化

コンピュータが扱えるデータは、「1」と「0」で表現される符号化されたデータに限られます。

文字、画像、音声、映像などの情報源は、図3-1のように、標本化（サンプリング）、量子化、符号化のステップを踏んで符号化されます。

標本化とは、連続的なアナログ情報または離散的なデジタル情報を、デジタル情報に変換するプロセスです。音声の振幅や映像の色彩の値をとびとびに測定してその値を記録することを言い、量子化は、標本化された情報（振幅値や色の値など）を有限の離散的なレベルに変換するプロセスであり、アナログの連続的な

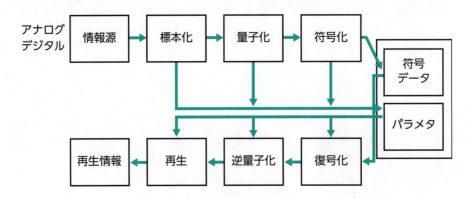

図3-1　情報原の符号化

値をデジタルで表現可能な数値に置き換えることを言います。

　符号化は、量子化された値をバイナリコードに変換する処理であり、これにより、コンピュータが処理・保存・伝送できるデータになります。

(1) 文字、図形情報

　文字情報については、次のような方法によって符号化することができます。

キーボード入力：文字列をキーボードから直接入力します。打鍵した英数字のアナログ信号に対応する文字コードに変換(量子化、符号化)されます。一方、日本語の漢字やひらがな、カタカナなどの非ラテン文字は、カナ漢字変換などの変換機能を利用して、最適な字形を選択すると、それに対応するテキストデータに変換されます。

スキャナーとOCR：文字が書かれた手書きや印刷文書をスキャナーでデジタル画像として取り込み、その後、OCR(光学式文字認識)ソフトウェアを使用して文字を認識します。OCRソフトウェアは画像内の文字を分析し、対応する文字コードに変換します。

デジタル手書き入力：タブレットやデジタルペンで手書き文字をデジタルデバイスで直接入力し、文字認識技術を使って文字コードに変換します。

テキスト抽出ソフトウェア：画像内のテキストを抽出するためのソフトウェアを使用し、デジタルデータに変換します。

音声認識：音声認識技術を使用して、話された言葉の波形を分析し、対応する文字コードに変換します。

　図形情報の入力については、ベクターグラフィックスの専用ソフトウェアによりデータ化することができます。

(2) 画像情報

　画像の符号化は、スキャナーやデジタルカメラなどにより画像を読み取ることで行います。この時スキャナーは、画像を小さなマス目を単位として読み取ります（標本化）。このマス目の大きさは画像の質に対し大きく影響します。細分化された画像ごとに、明るさ、色合いを読み取り、指定した段階（階調）で量子化します。

　デジタルカメラの場合、センサーの画素ごとにカラーフィルターが配置され、赤（R）、緑（G）、青（B）のいずれかの色に割り当てられています。このため画像の画素毎のRGBは、隣接するセンサーの画素の情報を組み合わせて生成します。

　デジタルカメラの中には、このセンサーから得られたデータを加工せずそのままRAW形式で保存し、現像ソフトと呼ばれる専用のソフトで画像を求めることができるものもあり、生データを直接編集できるメリットがあります。

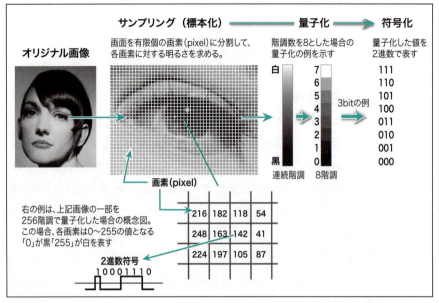

図3-2　画像符号化の概念

(3) 音声情報

音の大きさ（縦軸）を一定間隔の時間（横軸）で読み取り（標本化）、得られた標本値に最も近い整数値で近似します（量子化）。

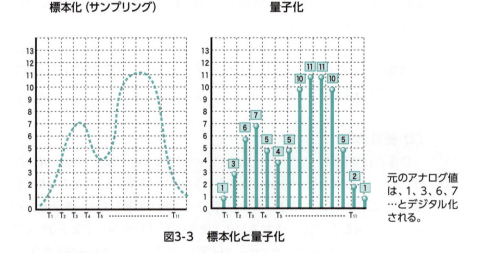

図3-3　標本化と量子化

(4) 動画情報

動画は、わずかに異なる静止画像を短い時間間隔で連続して見ると、映像として動いているように見える人間の認知機能を利用しています。映像を構成する1つ1つの静止画をフレームといい、1秒当たりのフレーム数をフレームレート (fps) と言います。

映像の記録に必要なデータ量は、文字、画像、音声に比べて非常に大きいた

め、圧縮は不可欠であり、フレーム間の差分を利用したり（フレーム間圧縮）、動きを予測する技術が使われています。

動画の場合、映像と音声を同期させる必要があります。別々に符号化された映像と音声は、クロックコントロールにより同期をとって再生されます。

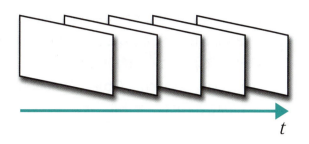

図3-4　フレーム

2.2　データ記法

データ記法は、データを体系的に表現し、データの保存、交換、解析を効率化するための基本的なツールです。目的に応じた適切なデータ記法を選択することで、データ処理の効率と正確性を向上させることができます。

a）XML (eXtensible Markup Language)：
階層構造を持つデータを表現することができる汎用的なマークアップ言語です。
注記　マークアップ（特定の記号を使った機能を示す表記）を使用して機能を表現する言語です。

b）HTML (HyperText Markup Language)：
WEBページを作成するためにつくられたマークアップ言語です。

JSON（JavaScript Object Notation）JavaScriptのオブジェクトの書き方を元にしたデータ表記法で、軽量なデータ交換用としてシステム間のデータ交換によく使われます。

c）CSV (Comma-Separated Values)：
RFC 4180では区切り文字をカンマと定義していますが、実際にはタブや空白など他の文字記号で区切られたファイルをCSVファイルと呼ぶケースもあります。互換性のために用いられますが文字コード、改行コード、引用符などの取り扱いには注意が必要です。

d）SVG (Scalable Vector Graphics)：
XMLベースのマークアップ言語で、2次元ベクトルグラフィックスを表現するために使われます。OOXMLの画像に使われています。

e）PostScript
プログラム可能なページ記述言語で、プリンターやディスプレイに高品質なグラフィックスを描画するために使われます。

f）MarkDown
仕様が複雑化し記述が冗長になりすぎたマークアップ言語に対する反省から産

まれた記法で、HTML に変換できますが無変換でも可読性が高いという特徴が
あります。

g) YAML (Yet Another Markup Language)

　肥大化し扱いづらくなった XML に変わってソフトウェアの設定ファイルなどに
採用されるようになった軽量記法です。

h) JSON（JavaScript Object Notation）

　YAML と同様に、肥大化し扱いづらくなった XML に変わってソフトウェアの
設定ファイルなどに採用されるようになった軽量記法です。

2.3　データ圧縮

　データ圧縮の目的は、保存時や通信時のデータ量の削減です。

　圧縮は「可逆圧縮」と「非可逆圧縮」の二つの方法があります。

a) 可逆圧縮 (ロスレス圧縮)

　圧縮後もデータを完全に元に戻すことができます。テキスト、画像解析、法的証
拠など情報損失が許容されない画像の圧縮に適しています。頻繁に表れるデータ
要素（データのビット列）に短い符号（ビット列）を割り当て、まれにしか現れな
い要素は長い符号を割り当てる符号化方式（ハフマン方式）やデータ要素の繰り
返しパターンを符号に置き換えるランレングス符号化（RLE）が代表的な例です。

b) 非可逆圧縮 (ロッシー圧縮)

　圧縮後のデータを完全に元に戻すことができませんが、大幅なサイズ削減が可
能です。画像や音声の圧縮に適しています。データを別の空間に変換し、あまり
重要でない要素を削除します。JPEG 画像圧縮に使われる YUV モデル変換や離
散コサイン変換（DCT）、MP3 音声圧縮に用いられる離散フーリエ変換（DFT）
がこれに該当します。

2.4　電子文書の表示・印刷

　デジタル化されたテキストや画像データは、コンピュータの OS やドライバーで
ピクセルやドット配列に変換し（これをレンダリングと言います）、電気信号に変換
してディスプレイ上に表示またはプリンターに印字します。

　例えば、テキストのレンダリングでは、図 3-5 のように、OS は文字コードに対
応するフォント情報をもとに文字形状をベクトルデータ化し、ピクセルパターン（ラ
スタデータ）に変換します。

　画像レンダリングでは、画像データ（ピクセル情報）をそのままディスプレイに
転送するか、必要に応じてスケーリング（拡大または縮小）やフィルタリングなど
の処理を行って表示します。

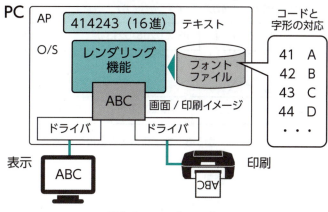

図3-5　レンダリング

3 文字情報

3.1　文字集合

文字の集合を、**文字集合**といい、現在、日本語の文字集合として、JIS X 0208（第1および第2水準の漢字と非漢字）および JIS X 0213（第1から第4水準の漢字と非漢字）、および Unicode が使われています。

Unicode は、世界中のすべての文字と記号を一貫して扱うための標準規格です。特定の文字集合に限定されるものではなく、複数の文字集合を包括する体系です。各国や地域で使用される文字集合を含んでおり、たとえばラテン文字、ギリシャ文字、漢字（CJK 文字）、アラビア文字、絵文字など、非常に多くの文字をカバーしています。現在、世界中で文字を扱う機器の 97% が Unicode をサポートしています。

3.2　文字符号化方式

文字コードをコンピュータで扱うバイト列に符号化する方法には、Unicode 用として UTF-8、UTF-16、UTF-32 が、また、JIS X 0201/0206/0213 用として、Shift JIS、EUC-JP、ISO 2022-JP などがあります。（図 3-6　参照）

UTF-8 および UTF-16 は可変長エンコード方式で、UTF-8 は文字ごとに 1～4 バイトに符号化し、UTF-16 は、文字ごとに 2 バイトまたは 4 バイトに符号化します。UTF-32 は 4 バイト固定長です。

現在、Windows 系の機器は Unicode が、UNIX 系の機器は EUC-JP が、電子メールでは ISO 2022-JP が使われています。

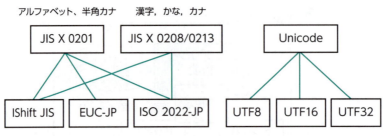

図3-6　文字集合と文字符号化方式

3.3　異体字と外字

　漢字については、書体や微妙な字形の違いはあっても、基本的に、文字概念に対して文字コードが割り当てられています。

　異体字は、「国」と「國」のように、同じ文字概念で異なる字形の文字をいい、別の符号が割り当てられます。

　外字は、標準の文字コードに割り当てられないため、使用する機器に搭載されていない文字を追加した文字です。文字データに割り当てるコードは、使用者が独自に割り振りすることが必要になります。そのため割り当てた機器以外では利用することができません。

3.4　人名・地名用異体字

　日本の名字（姓）に使われている漢字の種類は非常に多く、法務省が戸籍のオンライン手続きのために整理した「戸籍統一文字」は約5万5千種類、また、地方公共団体情報システム機構（J-RIS）が定めた、住民基本台帳ネットワーク統一文字は約2万種類あります。この中には、異体字が多く含まれています。Unicode互換のJIS X 0213に含まれる文字は、1万種類であることから、多くの地方自治体では、かつて個別に外字を定義していましたが、現在では人名や地名に用いられる異体字漢字の表記に対応するため、Unicode IVSコレクションをサポートするIPAmj明朝が採用されつつあります。

参考文献　文字環境導入実践ガイドブック　内閣官房情報通信技術（IT）総合戦略室　2019年

3.5　フォントとグリフ

　フォントは、活字やコンピュータにおいて扱われる文字のうち、統一された書体やサイズ、線の太さ、傾きなど、文字のデザインスタイルや特徴を指す場合と、その文字セットや収録されたファイルを指す場合があります。

　　例　Times New Roman、12ポイント、Bold、Italic

　グリフ（字形）は、個々の文字や記号の具体的な形状のことを言います。

3.6 ファイルへのフォントの埋込み

OOXMLやPDFファイルにフォントを埋め込むことで、OSやフォントのバージョンに依存することなく意図した文書の再現が可能となります。

なお、フォントを埋め込まない場合には、OSに存在する他のフォントで代替表示されます。

フォント埋め込みの有無と文書の字形の再現性を表3-1 に示します。

表3-1 フォントの埋め込みと字形の再現性

ファイル / ファイルを開くPC	フォントあり 同一バージョン	フォントあり 異なるバージョン	フォントなし
埋込フォントあり	○	○	○
埋込フォントなし	○	×	×

4 画像情報

4.1 カラーモデル

カラーモデルとは、色を数値的に表現するための数学的なモデルです。

(1) RGBモデル（加色混合）

自ら発光する表示装置の色の混合原理で、すべての色を赤（Red）・緑（Green）・青（Blue）の強弱のある重ね合わせで表現します。各成分は数値で表され、3つの値を組み合わせることで色を表現できます。

主にディスプレイやデジタルカメラで使用されます。すべての色の要素がない時は黒であり、すべての色を最大の大きさで混合した時に白となります。赤、緑、青は光の三原色とも言います。

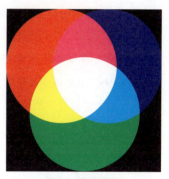

図3-7 加色混合

(2) CMYKモデル（減色混合）

光を当てて、その光の一部を吸収することによって発色する混合原理を用います。色の三原色や絵の具の三原色とも言います。印刷する際に使用され、各成分は0から100％の範囲で表現されます。理論上は3原色であるシアン（Cyan：青緑）、マゼンタ（Magenta：赤紫）、イエロー

図3-8 減色混合

（Yellow：黄）のすべて均等に混ぜると黒色になりますが、実際にはインクの特性などから完全な黒を作るのは難しいため、別途黒（Key plate）を利用しています。シアン、マゼンタ、イエローは、それぞれ RGB の赤、緑、青の補色の関係にあります

(3) Labモデル

L（Lightness/明度）、a（緑-赤成分）、b（青-黄成分）の3つの成分で色を表現します。人間の視覚に基づいたモデルで、色差を測る際に使用されます。

(4) HSVモデル

H（Hue/色相）、S（Saturation/彩度）、V（Value/明度）の3つの成分で色を表現します。

色相は0度から360度で表され、彩度と明度は0%から100%で表されます。直感的に色を選択できるため、グラフィックデザインでよく使用されます。

(5) YUVモデル

輝度（Y成分）と2つの色差成分、青の色差成分（U成分）、赤の色差成分（V成分）で色を表現します。YVU色空間は、RGB（赤、緑、青）色空間と変換可能です。

Y成分が視覚的に重要な輝度情報を提供し、UとVの色差成分を 輝度と分けて処理することで圧縮効率を高めることができます。YUVには、YpbPr（Pbは青と輝度の差、Prは赤と輝度の差）やYcbCr（Cbは青と輝度Yの差、Crは赤と輝度Yの差）があり、YPbPrはアナログテレビのコンポーネントビデオ信号で使用されており、YCbCrはJPEGやMPEGなどの画像圧縮方式で採用されています。

Y=0.5の場合
図3-9　YUVモデル

注記　輝度成分は空間的に高い解像度で表現する必要がある一方、色差成分（CbとCr）は低い解像度でも問題がないとされています。これは、色差成分の解像度を下げても、人間の目が自然な映像として認識する能力が高いためです。この特性を利用して、YUV色空間では輝度成分を高い解像度で保持しつつ色差成分の解像度を低くすることで、映像データ量を削減します。

(6) XYZモデル（CIE XYZ）

人間の視覚に基づいた色空間で、Labや他のCIE色空間の中間ステップとして使用されています。

注記　CIE色空間とは、国際照明委員会（Commission Internationale de l'Éclairage、 CIE）が開発した色空間の総称です。

4.2　カラー色数

イメージデータは画質とデータ容量とを考慮して、カラー色数を決定します。

(1) 2値

各ピクセル（画像を構成する最小の単位）をすべて1ビットで表し、白または黒となります。カラー画像の場合は、データ容量が大きくなるため、白黒の画像とする場合も多く、容量をより少なくするために白黒2値のデータとする場合もあります。

(2) グレースケール

各ピクセルを白から黒までの灰色の濃淡で表すもので、4ビットを用いた16階調、8ビットを用いた256階調があります。医療用途ではさらに高精度の10ビット（1024階調）、12ビット（4096階調）も利用されます。

(3) 24ビットカラー

1ピクセルはRGBの3色で構成されており、RGB各色に256階調（8ビット＝1バイト）を持たせ、計24ビットを使うことから24ビットカラーと呼ばれています。

色数では約1677万色（16,777,216色）を表現でき、人間の目が識別できるといわれている色数をはるかに上回る発色数であり、十分自然なカラー画像を表現することができます。

(4) 32ビットカラー

32ビットカラーは、全ビットを3色の3チャネルに分けるのではなく、8ビット×4チャネルとしています。RGBに加えて新しく追加されたチャネルをアルファチャネルといい、透明度の表現など、ソフトウェアによって様々な用途に使われます。

32ビットカラーや24ビットカラーは、フルカラー（Full Color）や、トゥルーカラー（True Color）と呼ばれることがあります（まれに各色10ビットずつの約10億色をトゥルーカラーと呼ぶことがあります）。

(5) 16ビットカラー

RGBのうち、RとBを5ビット（32階調）、Gを6ビット（64階調）で表現することで、合計16ビット、65,536色を表現できます。Gが6ビットなのは、人間の目が、緑色を敏感に識別することから来ており、ハイカラー（High Color）と呼ばれています。

(6) 8ビットカラー（インデックスカラー）

8ビットカラーは、フルカラーの中から任意に抜き出した256色（8ビット）のカラーパレットを参照して画像を表現するためインデックスカラー（Index Color）やパレットカラー（Palette Color）とも呼ばれ、各ピクセルは何番目の色であるのかの情報を持っています。

画像ファイルには、画像各部分の色情報のほかに256色がそれぞれどのような色をしているかを定義する部分（カラーパレット、またはカラーテーブル）を持っています。

4.3 解像度と階調

画像の品質（画質）を決める要素は、解像度と階調です。文書をデジタル化する際には、その画像データの品質が重要となります。必要な画質を確保しつつ、データが実用範囲に収まるように注意して行わなければなりません。

(1) 解像度

原稿をどれだけの細かさで読み取るかを示すものであり、単位は通常 dpi (dots per inch) が用いられます。1インチ（25.4mm）あたりの画素（ドット）がいくつあるかを示しています。解像度の高い方がより高精度の画像となりますが、データ容量は画素の数で決まるため、容量は解像度の2乗に比例します。

このため、必要以上に高い解像度での読み取りは運用コストの増大や利用時の障害となる場合もあり、文書の利用目的や原稿に含まれる文字の大きさに応じて適切な設定を行うことが必要です。

(2) 人間の目の解像度

細い線を何本も並べたとき、それが線と識別できなくなる限界が解像度です。

人間の目の解像度は、20dot/mm 程度（500dpi 程度）といわれています。

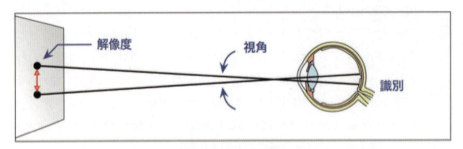

図 3-10　目の解像度

(3) 階調

階調とは、一般的には白から黒までを何段階に分解（量子化）するかを表したものです。モノクロ2値は白か黒かの2段階に分けたものであり、グレースケールはそれを数段階に分けたものです。カラーの場合は、RGB 各色に指定された階調でデータ化します。

階調は、ビット数で表すことが多く 256 段階の階調を表現するには8ビットが必要です。一般的なカラー画像は、RGB 各色8ビットとすることで 1677 万色を表現できます。

一般的に8ビット以上の階調を必要とするのは、写真やフィルムにおいて微妙な濃淡差を表現する場合（レントゲンフィルムなど）に限られます。

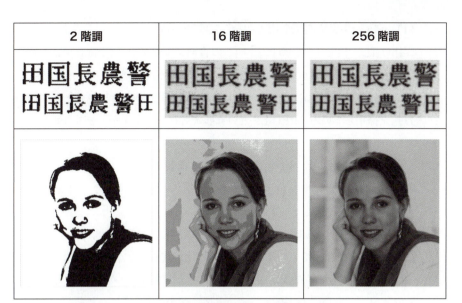

図3-11 階調によるモノクロ写真の比較
出典：JIIMA「電子化文書の画像圧縮ガイドライン」より

(4) 識別可能な階調

　人間の目で識別できる階調（明暗の識別）は 200 階調程度とされています。コンピュータでは 8 ビットあれば、256 階調の表現ができるため、これで十分といえます。

4.4　画像データ圧縮

　画像をそのまま保存すると、非常にデータ容量が大きくなってしまうことから、データ量を少なくするために圧縮します。この圧縮には、「可逆圧縮」と、データ量をさらに少なくするために、影響の少ない部分では一部データを省略するなどする「非可逆圧縮」があります。可逆圧縮は、データの損失が全く起こらず、完全に元にもどすことができる圧縮方式ですが、一般的に圧縮率は低くなります。逆に非可逆圧縮はデータを完全には復元できない圧縮方式ですが、一般的に圧縮率は高くなります。

　非可逆圧縮はその適用する圧縮率によって画像品質が劣化するため、実際に電子化した文書を復元して、圧縮によって損なわれる影響が許容できるレベルであることを確認の上使用する必要があります。

　また、JPEG などの非可逆圧縮方式の場合は、使用するソフトによって圧縮の程度を示す指標が異なるため、「○○○○○というソフトウェア」で「画質レベル○○○」にて保存など、利用の条件を具体的に示す必要があります。

　以下に代表的な圧縮方式を示します。

(1) JPEG（JIS X 4301（ISO/IEC 10918-1））

ISO/IEC JTC 1/SC29 と ITU-T の合同グループ Joint Photographic Experts Group が開発し、ISO/IEC 10918 として標準化されたデータ圧縮規格です。非可逆圧縮方式の採用により、非常に高い圧縮率を得ることができます（可逆圧縮方式を採用している JPEG-LS という形式も存在しますが、あまり普及していません）。

「明るさの変化に比べ、色調の変化には比較的鈍感」という人間の目の性質を利用し、RGB を輝度と色差 YcbCr に分解し、色差情報の一部を捨てることでデータ容量を小さくしています。

また、画像を 8×8 ピクセルの正方形ブロックに分割し、画像の変化の情報を抽出してその一部を捨てているため圧縮率を上げすぎると、ブロック単位（8×8 固定）で色が均一化されて画像がモザイク状に見えるブロックノイズや、文字の周りに図 3-12 に示すような滲み（モスキートノイズ）が現れるようになります。また、淡い色で印刷された文字は、黒い文字よりぼやける傾向にあります（図 3-13 参照）。このようなノイズは、文字の可読性が悪化することになるため、圧縮した画像を確認しながら圧縮率を設定する必要があります。

図 3-12　ノイズ

黒い文字	淡い文字
田国長農警	田国長農警

図 3-13　淡い色の文字

(2) JPEG 2000（ISO/IEC 15444-1）

JPEG の後継技術として開発され、可逆圧縮と非可逆圧縮が選択できます。高圧縮・高品質な画像圧縮が行えるのが特徴です。JPEG で発生していたモスキートノイズを防ぐことができ、また、ブロックサイズを大きくできるため、ブロックノイズを目立たなくすることができます。

JPEG との互換性はなく、アルゴリズムが複雑なため、処理速度の面では JPEG より劣ります。

(3) LZW 圧縮

GIF および TIFF ファイルに使用されている可逆圧縮方式です。画像にもよりますが、およそ半分のサイズまで圧縮できます。

(4) Deflate 圧縮

LZ77 とハフマン符号化を組み合わせたアルゴリズムです。

注記　LZ77は、辞書ベースの可逆圧縮アルゴリズムで多くの圧縮アルゴリズムの基礎となっています。

(5) ハフマン圧縮

可逆圧縮の代表的なアルゴリズムであり、繰り返しの多い情報を持つ画像に適しています。

(6) CCITT G3/G4圧縮

ファクシミリの通信規格です。Group 3（CCITT G3）では、1ラインごとに独立して読み取って圧縮します。Group 4（CCITT G4）では、前のラインを参照しながら圧縮するため、圧縮率が高くなります。

(7) 算術符号圧縮

ハフマン圧縮方式を改良した形式です。画像データによっては、ハフマン圧縮方式を使用した場合より 5 ～ 10% 高い圧縮率が得られます。

(8) JBIG圧縮

2 値画像（白黒）、グレースケール、およびカラー画像で使用される可逆圧縮方式です。平均してオリジナル画像の1/2 0 のサイズまで圧縮できます。

(9) RLE (Run-Length Encoding、ランレングス符号化)

連続する同一データの繰り返しを効率的に表現することで、データ量を削減します。特に、同じデータが連続することが多いデータ（例えば、単純な画像やテキスト）に対して効果的です。

4.5 容量に対する目安

圧縮後の容量は、圧縮の方式よりも元の画像データに依存します。一般的な圧縮方式では、文字など変化している部分に多くの情報が必要で、何も記載されていない地色部分では少ない情報ですむため、細かいパターンが多い方が圧縮後の容量が大きくなります。容量の目安は以下のようになります。

表3-2 ファイル容量の目安 （JIS Z 6016 : 2015 解説より）

〔A4 ／ページ〕

読み取りモード	解像度	非圧縮	圧縮方式	容量の目安（参考）
モノクロ2値	200 dpi	0.5MB	G4	30 ～ 200 KB
モノクロ中間調	150 dpi	2.1MB	JPEG	150 ～ 400 KB
カラー (RGB 各色 256 階調)	150 dpi	6.4MB	JPEG	200 ～ 500 KB
	200 dpi	11.3MB	JPEG	400 ～ 800 KB

4.6 データ量の計算

A4サイズの紙文書を解像度が 200dpi に設定されたモノクロ2値のスキャナーで読込んだときのデータ量を計算してみます。

解像度 200dpi とは、1インチを 200 のドット（dot：画素）に分解しています。

1インチは 25.4 mm であり、200dot ÷ 25.4mm ≒ 7.87dot/mm となります。

また、モノクロ2値は1ドットを白か黒で表すため1ビット（0か1の値を取る1ビット）で表現できます。

このことからモノクロ2値、解像度200dpiでA4紙面（横：210㎜、縦：297㎜）をスキャニングした場合のデータ量は以下のとおり計算ができます。

データ量＝横×縦
= （210mm ÷ 25.4mm × 200dpi）×（297mm ÷ 25.4mm × 200dpi）
= 1,653dot × 2,338dot
= 3,864,714bit
= 483,089.25Byte
≒ 471.77KB
≒ 0.46MB

次に解像度を200dpiから400dpiに上げた場合ですが、今度は1mm当りのドット数は2倍となるため1mm当り約16ドットとなり、上記と同じように計算すると4倍のデータ容量となることが分かります。同様に、解像度が3倍、4倍となるとデータ量はその2乗の9倍、16倍となります。

4.7　カラーマネジメント

さまざまな入出力装置は、個々の装置で色の再現特性が異なるため、単にRGBなどのカラーデータを受け渡しただけでは、同じ色を表現することはできません。

このため、個々の機器のカラーデータを一旦、共通のカラースペースに変換したうえで、他の機器のカラースペースに変換することにより、正確な色表現ができるようになります。

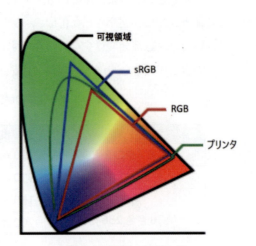

図3-14 カラースペース

(1) カラースペース

カラースペースは、デジタルデバイスやメディアにおいて色を表現するためのモデルであり、それぞれ特定の色域を定義しています。

文書の領域では、カラースペースとして、sRGB（Standard RGB）がウェブ、デジタルカメラ、コンピュータモニタなどのデバイスで標準的に採用されています。

色域は比較的狭いものの、デジタルデバイス間での一貫性が高いため、汎用性に優れています。

注記　カラースペースにはこのほか、印刷や写真編集を目的としたAdobe RGB、デジタルシネマでの使用を目的としたDCI-P3、プロフェッショナルな写真編集、特にRAW画像の処理に適したProPhoto RGBなどがあります。

(2) ICCプロファイル

デバイスごとの色再現性を正確に記述するICC (International Color Consortium) プロファイルは、カラーマネジメントの基盤となります。これにより、デバイス間での色の一貫性が確保されます。

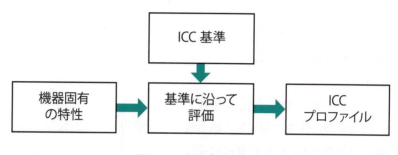

図3-15　ICCプロファイル

(3) カラーマネジメントシステム (CMS)

ICCプロファイルに基づいて色を適切に変換し、デバイス間の色の一貫性を維持するためのソフトウェアシステムです。CMSがないと、ICCプロファイルを活用できないため、色の正確な管理ができません。

(4) キャリブレーション

モニターやプリンターの色再現性が変化しないように定期的にキャリブレーションを行うことで、常に正確な色表現を維持します。キャリブレーションが適切でなければ、ICCプロファイルやCMSの効果が十分に発揮されません。

4.8　画像補正

(1) シェーディング補正 (ホワイトバランス)

センサーが受光する光は以下の要因により一様でないため、白色板 (白基準板) を読み取り、そのレベルを白の基準とする正規化処理を行います。それをシェーディング補正と呼びます。

- 受光素子の画素毎に生じる感度ムラ
- 受光素子のRGBの色ごとの感度差
- ランプの照度ムラ (ランプは一般的に周辺部分の方が暗い)

スキャナーは原稿の読み取りを開始する前に、白基準板の出力レベルを各画素について記憶します。これが白の基準レベルとなります。また一旦照明を消して暗

い状態にして、そのレベルも記憶します。このレベルが黒の基準となり、先の白基準と黒基準の間が画像の入力範囲となります。

白い板を基準としてシェーディング補正を行うため、白色基準板にゴミが付いたり汚れたりすると、入力画像にスジが入ったりムラが発生して画質を悪化させることになります。

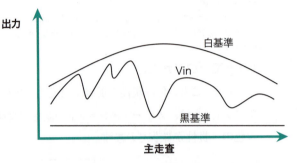

図3-16　シェーディング補正
Vout＝（Vin-黒）＋（白-黒）×256

(2) コントラスト補正（ガンマ補正）

入力画像の階調に対する、出力画像の階調再現の対応を階調再現特性と言います（トーンカーブとも言います）。トーンカーブを変更することによって、低濃度の部分をより濃く再現したり、逆に低濃度の部分を再現しないようにしたりできます。原稿の濃度分布や強調したい濃度、抑制したい濃度によってトーンカーブを最適に設定すれば、書類に応じてより良い画像を得ることができます。一方、トーンカーブを直線から大きくずらしすぎると、再現濃度が急に変化し、画像の階調性が不自然になります。これをトーンジャンプと言います。

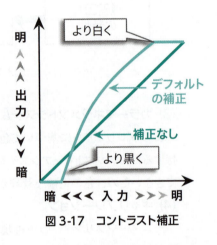

図 3-17　コントラスト補正

これらの入出力特性を一般的にガンマ特性と呼びます。

一般的に、用紙の地色はより白く、文字はより黒くした方がコントラスト（明暗差）の良好な画像と見えるため、図 3-17 に示すような階調補正がデフォルトで適用される場合が多く見受けられます。

この階調補正は、原稿を忠実に再現する用途には向いていないため、修正痕や改ざん痕の検出が必要な場合、設定を変更するなどの注意が必要です。

(3) 2値化

2値画像を作成する時、白と黒を分ける境目［スレッショルド（threshold）］を変化させると、再現される画像が変わります。スレッショルドを原稿内で一定値に固定してスキャニングするものや、原稿の領域毎に細かく調整しながらスキャニン

グするものなど、2値化の方法には多くの工夫が考えられています。

注記　スレッショルドはスレッシュホールドと呼ぶ場合もあります。

(4) ディザ処理

2値画像はドットの on か off（有無）しか存在しませんが、単位面積当たりのドット密度を変えることで濃淡を表現することが可能となります。この方法をディザ法と言います。

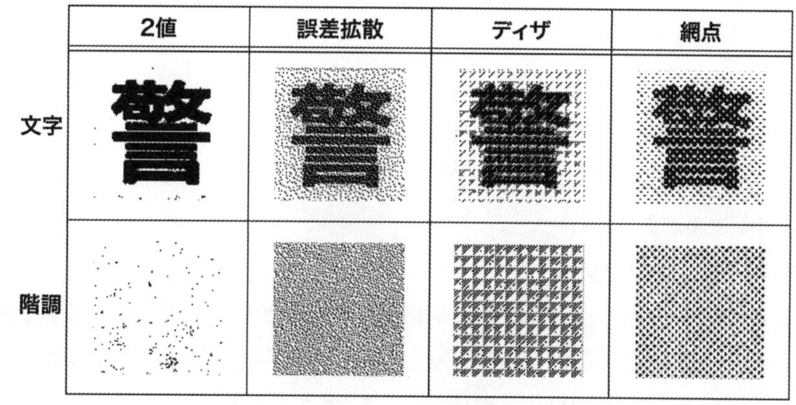

	2値	誤差拡散	ディザ	網点
文字	警	警	警	警
階調				

図 3-18　ディザ処理

ディザ処理はある一定の面積で階調を表現する手法が用いられています。そのため、文字の再現性などが損なわれることがあるので注意が必要です。

(5) 強調処理

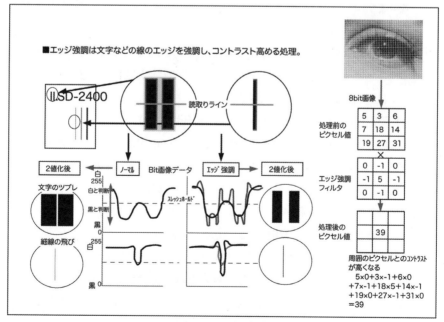

図 3-19　強調処理

文字などの線のエッジを強調（白をより白く、黒をより黒く）することで、2値化した線幅をより見易くすることができます。しかしエッジを強調し過ぎると、写真原稿などの中間調の階調再現が不自然になり、モアレ（干渉縞ともいい、二つの規則的な模様の重なりによって生じる粗い縞模様）が発生し易くなります。従って文字と写真が混在している原稿では注意が必要です。

5 音声情報

5.1　音質特性

音声情報の品質と特性を決める要素に、サンプリングレート、ビット深度、ビットレートがあります。

(1) サンプリングレート

サンプリングレートは、1秒間にどれだけの音のサンプルを取得するかを示します。一般的な録音では44.1kHz（44,100サンプル／秒）が標準です。高品質な録音では96kHzや192kHzが使われることもあります。

(2) ビット深度

ビット深度は、各サンプルがどれだけの情報量を持つかを示します。標準的なCD音質は16ビットですが、プロフェッショナルな録音では24ビットや32ビットが使われます。ビット深度が高いほど、ダイナミックレンジが広くなり、ノイズが少なくなります。

(3) ビットレート

コーデックがデータを圧縮する際に使用するビットの量を示します。サンプリングレートとビット深度から計算され、kbps（キロビット毎秒）で表されます。ビットレートは通常、以下のように表現されます。

a) 固定ビットレート（CBR: Constant Bit Rate）

コーデックが音声データを圧縮する際に、一定のビットレートを維持します。例えば、128kbps（キロビット／秒）という設定は、音声データのすべての部分で同じビットレートが使用されることを意味します。これにより、ファイルサイズが予測しやすくなりますが、音質が必ずしも最適化されるわけではありません。

b) 可変ビットレート（VBR: Variable Bit Rate）

コーデックが音声の内容に応じてビットレートを変動させます。音声が複雑な部分では高いビットレートを使用し、静かな部分では低いビットレートを使用します。これにより、音質を最適化しながらファイルサイズを抑えることができます。

c) 平均ビットレート（ABR: Average Bit Rate）

音声データ全体で平均的なビットレートを維持しようとします。VBRとCBRの中

間の特性を持ち、音質とファイルサイズのバランスを取ることができます。

5.2 PCM

PCM（Pulse Code Modulation、パルス符号変調）は、アナログ音声信号をデジタルデータに変換する際に使用される技術です。

PCM は非圧縮であり、これにより、オリジナルの音声信号を可能な限り忠実に再現します。PCM は、音楽 CD、DVD、Blu-ray、および多くのプロフェッショナルなオーディオ制作で使用されています。

PCM データは WAV や AIFF などのファイルフォーマットに格納されます。

一般的なサンプリングレートは 44.1kHz（音楽 CD）や 48kHz（プロオーディオ）が使われ、ビット深度は 16 ビット（CD 品質）や 24 ビット（プロフェッショナル品質）が使われます。

5.3 フレーム

フレームは、音声データを圧縮・再生処理する単位です。フレームの時間間隔は、コーデックやアプリケーションによって異なりますが、一般的には次のような値がよく使われます：

- 10ミリ秒（1秒間に100フレーム）多くの音声コーデックで一般的な設定です。
- 20ミリ秒（1秒間に50フレーム）MP3やAACなどのコーデックでよく使われます。
- 40ミリ秒（1秒間に25フレーム）一部のコーデックや用途で使われることがあります。

フレーム内のサンプル数は、サンプリングレートとフレームの時間間隔で決まります。短いフレーム間隔は、詳細な分析と高い音質を提供しますが、計算負荷が増し、圧縮効率が低下する可能性があります。逆に、長いフレーム間隔は、計算負荷を軽減し、圧縮効率を向上させる一方で、音質が低下し、遅延が増加する可能性があります。

5.4 音声コーデック

音声データの圧縮および再生を行うための技術やアルゴリズム、または実装を音声コーデック（Audio Codec）と言います。コーデックという用語は、コーダー（Coder）とデコーダー（Decoder）を組み合わせた造語です。音声コーデックは、アナログ音声信号をデジタル形式に変換し、効率的に保存・転送できるように圧縮し、再生時にはそのデータを元に戻して音声として再生します。主な音声コーデックは次の通りです。

(1) MP3（MPEG-1 Audio Layer III）

普及している非可逆圧縮音声コーデックであり、ほとんどのデバイスで再生可能

です。音質とファイルサイズのバランスが取れており、主に音楽配信で利用されています。

(2) AAC (Advanced Audio Coding)

MP3 の後継とされ、より効率的な圧縮が可能です。Apple の iTunes や YouTube、Apple Music などで使用されています。MP3 と同じビットレートでも高音質を実現できます。

(3) FLAC (Free Lossless Audio Codec)

可逆圧縮のオープンソース音声コーデックで、音質を損なうことなく圧縮可能です。さまざまなプラットフォームで幅広くサポートされ、オーディオファイルで広く使われています。

(4) ALAC (Apple Lossless Audio Codec)

可逆圧縮のオープンソース音声コーデックで、Apple 製品での再生に最適化されています。通常は QuickTime の MOV ファイル (.mov) か MP4 ファイル (.m4a) に格納されます。

(5) Opus (Opus Interactive Audio Codec)

IETF で開発されたオープンソースの非可逆圧縮音声コーデックで、音声通話やインターネット上のストリーミングに最適化されています。低ビットレートから高ビットレートまで幅広く対応し、リアルタイム通信で優れた性能を発揮します。

6 動画情報

6.1 画質特性

動画における映像情報の品質と特性を決める要素に、カラー色数、階調、解像度、およびフレームレートがあります。カラー色数、階調、解像度は画像（静止画）と共通の要素です。

6.2 フレームレート

動画のフレームレート (Frames Per Second、FPS) は、1 秒間に表示されるフレーム（静止画）の数を示し、動画の滑らかさや視覚的な体験に大きな影響を与えます。単位は FPS (Frames Per Second) です。

低フレームレート (24-30 FPS) は、映像制作コストが低く、ストレージ容量や帯域幅を節約できます。映画やドラマのように、芸術的でシネマティックな表現が可能ですが、動きの速いシーンでは滑らかさが不足し、ぎこちない動きが感じられることがあります。

注記　映画は24FPS、欧州のPAL規格テレビ放送は25FPS、日本や米国などのNTSC規格テレビ放送は30FPSが採用されています。

高フレームレート（50-60 FPS）は、スポーツ中継やアクションシーンでの動き
が滑らかになり、リアリズムが増しますが、映像制作コストが高く、ストレージ容
量や帯域幅の消費が増えます。

注記　4Kテレビなどで採用されています。

非常に高いフレームレート（120 FPS 以上）は、スローモーション撮影やハイ
エンドゲーミングでの非常に滑らかな動きと高精細な表現が可能ですが、専門的
な機材や大量のストレージ、非常に高い帯域幅が必要となります。

6.3　映像コーデック

映像コーデックは、映像データを圧縮してファイルサイズを小さくすると共に、
ビットレートを調整し、画質とファイルサイズのバランスを管理します。ビットレー
トの調整には、固定、可変、またはターゲットビットレートモードが使われます。

注記　ターゲットビットレートモードは、ビットレート管理方式の目標を設定するものであり、実際のビット
レート管理手法（CBR、VBR、ABRなど）と組み合わせて使用されます。

主な映像コーデックには次のようなものがあります。

(1) H.264 (MPEG-4 AVC)

現在最も広く使われている動画コーデックで、高い圧縮率と画質を提供します。

(2) H.265 (HEVC)：

H.264 の後継で、さらに高い圧縮率を提供し、4K や 8K 動画に対応しています。

(3) VP9 (Video Processing 9)

Google によって開発され、YouTube などで使用されています。H.265 と同様
に高効率なコーデックです。

(4) DivX

MPEG-4 Part 2 に基づいたビデオコーデックで、主にデジタルビデオの圧縮に
使用されます。高圧縮率でありながら、比較的良好な画質を提供します。

(5) Xvid

DivX に対するオープンソースの代替として開発されました（名称は DivX の逆
読み）。ソースコードが公開されており、商用・非商用問わず無料で使用できます。

(6) AV1 (AOMedia Video 1)

新しいオープンソースのコーデックで、帯域幅の使用を抑えつつ高品質なストリー
ミングが可能で、VP9 や H.265 よりも高効率です。4K やそれ以上の解像度をサ
ポートし、ストリーミングやビデオ配信に適しています。

(7) MPEG-2 Video (ISO/IEC 13818-2)

DVD Video で使われているコーデックです。

第3章　電子文書

7 ファイルフォーマット

7.1 文章・表計算・プレゼンテーションファイルフォーマット

文章・表計算・プレゼンテーションファイルフォーマットには次の様なフォーマットがあります。

(1) OOXML (Office Open XML)

Microsoft が開発した XML ベースのファイルフォーマットで、Microsoft Office 製品（特に Word、Excel、PowerPoint）で使用される標準的な文書フォーマットであり、ISO/IEC 29500 として国際標準規格になっています。Microsoft Office 2007 以降と互換性があります。

主な特徴は、次の通りです。

- XMLベース：文書の内容はテキスト形式で保存され、プログラムでの解析や編集が容易
- 圧縮方式：ZIP圧縮を使用してファイルサイズを小さくし、複数のXMLファイルとその他のリソース（画像、フォントなど）を一つのファイルにまとめることが可能
- 互換性：Microsoft Office製品と互換性があり、他のソフトウェアでもサポートされることが多い

OOXML には、互換性のない、ストリクトとトランジショナルの2つのレベルがあり、特に指定しない限りトランジショナルで動作します。

(2) ODF (Open Document Format)

オフィス文書を保存するためのオープン標準ファイルフォーマットであり、異なるオフィスソフトウェア間での互換性を確保するために設計され、ISO/IEC 26300 として国際標準規格となっています。

ODF は、文書、スプレッドシート、プレゼンテーション、グラフィックスなどがあり、主要なオフィススイート（LibreOffice、Apache OpenOffice、Calligra Suite など）で広くサポートされています。

主な特徴は、次の通りです。

- XMLベース：文書の内容はテキスト形式で保存され、プログラムでの解析や編集が容易
- 圧縮方式：ZIP圧縮を使用してファイルサイズを小さくし、複数のXMLファイルとその他のリソース（画像、フォントなど）を一つのファイルにまとめることが可能
- オープン標準：誰でも利用可能なオープンフォーマットであり、特許やライセンスに依存しない

(3) PDF (Portable Document Format)

情報交換フォーマットであり、ISO 32000 シリーズとして国際標準化されていま

す。 アドビ社が開発したファイルフォーマットで、ページ記述言語 PostScript が
ベースとなっています。無料で配布されている Acrobat Reader は、Windows パ
ソコンだけでなく、Macintosh や UNIX などでも正確に表示・出力することが可
能です。

a) PDF の特徴

PDF には次のような特徴があります。

・フォントを埋め込むことが可能であり、読む側の環境にかかわらず、元の文書と同
じフォントが再現できます（フォントを埋め込んでいない場合には、代替フォントが
用いられるため、レイアウトなどが変化する可能性があります）。

・文書を作成したアプリケーションを必要とせずに、閲覧が可能です。

・画像を適当な圧縮方法を選択して圧縮するため、コンパクトなファイルサイズとな
ります（内容によっては、大きいサイズとなる場合もあり、確認は必要です）。

・変更の履歴を保持させることができます。また電子署名や編集制限などのセキュ
リティ機能も備えています。

・複数の文書を束ねることが可能であり、文字の検索も可能です。

・画像として取り込んだ文書に対してもOCRを適用し、透明テキストとして埋め込む
ことが可能です（Hidden Text）。

b) 文書PDFと画像PDF

「文書 PDF」とは、オフィス文書を PDF 形式に変換した電子文書のことを指し
ます。一方、「画像 PDF」とは、紙文書などをスキャナーで読み取り、PDF 形式
に変換した電子化文書のことを指します。前者の場合は、PDF からテキストの読
取りが可能ですが、後者の場合は、OCR でテキストを認識し PDF に埋めこまな
いとテキストの読取りができません。

c) PDF関連の国際標準

PDF をベースとした、次のような国際標準があります。

・ PDF/A　長期保存用の規定であり、ISO 19005 シリーズとして規定されています。
表3-3　PDF/Aシリーズの概要参照。

・ PDF/E　技術情報交換用。ISO 24517-1 として規定されています。

・ PDF/X　印刷を目的とした PDF で、ISO 15930 で規定され、PDF/ X-1aによっ
て、フォントの埋め込み 、画像の埋め込み 、CMYKカラースペースの変換、ICC
プロファイルの埋め込みのが可能になっています。

注記　ICC プロファイル:色に関わる入出力機器や色空間を特徴付ける一連のデータ

・ PDF/UA　障害を持つ人などのためのユニバーサルアクセス用で、ISO 14289と
して規格化されています。

・ PDF/VT　可変印刷に特化したPDF規格です。ISO 16612-2で規定されており、

大量の個人向け文書（請求書、明細書など）を一括で作成するような場面で非常に有用です。

表3-3　PDF/A シリーズの概要

	PDF／A-1	PDF／A-2	PDF／A-3	PDF／A-4
規格番号	ISO 19005-1	ISO 19005-2	ISO 19005-3	ISO 19005-4
仕様	PDF1.4	PDF1.7	PDF1.7	PSD2.0
特徴	自己完結（文字および色の再現性を担保）埋込ファイル、暗号化、外部参照禁止	透明性、レイヤサポートJPEG 2000サポートPDF/A ファイルの埋込可	任意ファイルの埋込可	単一コンフォーマンスPAdES（電子署名）のサポート

注記　透明性　重ね合わせたオブジェクトを透けて見えるようにできる
　　　　レイヤ　OCRで読み取った文字を透明テキストとして重ね合わせることができる

(4) EPS (Encapsulated PostScript File)

　ページ記述言語の PostScript で記述された図版を、画像ファイルとして保存するための形式で、ベクター形式の文字や図形と、ビットマップ形式の画像の両方を含めることができます。

7.2　画像ファイルフォーマット

　イメージ情報の形態には、カラー写真のようにフルカラーのイメージから、文字だけのモノクロの情報までさまざまな形態があります。特にインターネットでの利用では、利用できるファイル形式やそのサイズなども考慮に入れて選択する必要があります。

　イメージ情報のファイル形式は数多くあり、それぞれ特徴を持っており、利用する場面に応じた適切なものを用いることが大切です。それら一般に使用されているファイル形式の代表的なものを取り上げ、その特徴を概説します。

　表 3-4 に、画像ファイルフォーマットと対応する圧縮アルゴリズムを示します。

表 3-4　画像ファイルフォーマットと圧縮アルゴリズム

画像ファイルフォーマット	圧縮アルゴリズム
JPEG	JPEG
PNG	Deflate
GIF	LZW
TIFF	非圧縮、LZW、PackBits、JPEG、G3、G4
BMP	非圧縮、RLE
JPEG 2000	JPEG 2000

DICOM	非圧縮、JPEG、JPEG 2000、RLE、Deflate
DNG	非圧縮、JPEG、LZW、
ZIP	Deflate
RAW	非圧縮

注記　PackBitsは、Apple社が開発した非常にシンプルなランレングス符号化 (RLE) ベースの圧縮アルゴリズムです。

(1) JPEG (Joint Photographic Experts Group)

　JPEG 用に特化されたファイルフォーマットです。インターネット上のカラー画像などに使われ、非可逆圧縮が一般的です。

(2) PNG (Portable Network Graphic)

　W3C（インターネットの標準化を行っている団体）の推奨規格であり、また、米国公文書館（NARA）が定めたファイルフォーマットのガイダンスでも、スキャニング画像の推奨フォーマットの一つとなっています。

注記　GIF に特許問題が発生したため、オンラインに向いたファイルフォーマットの研究から PNG フォーマットが生まれましたが、現在では GIF の特許問題は解消されています。

(3) GIF (Graphics Interchange Format)

　コンピュサーブ社が開発したデータ交換用のファイル形式です。2値のモノクロから 256 色までを扱うことができます。また、一つのファイルに複数の画像を取り込み、動くように見える「アニメーション GIF」や、「透過色」を利用することで背景の中に前景が浮かぶような効果を出すことができます。

(4) TIFF (Tagged Image File Format)

　アルダス社（アドビ社に吸収合併された）が中心となって開発したフォーマットであり、Windows パソコンだけでなく、Macintosh や UNIX などさまざまなプラットフォームで利用できる汎用性に富んだファイル形式です。現在、TIFF Revision 6.0 が標準形式になっています。

　TIFF の最大ファイル容量は4GBであり、1つのファイルに複数の画像をまとめて格納すること（マルチ・ページ）も可能ですが、アプリケーションによっては対応していない場合もあり、確認が必要です。

　なお、TIFF Revision 6.0 は、2004 年に印刷業界向けに特化された ISO 12369 TIFF/IT (Tagged Image File Format for Image Technology) が発行されています。

(5) BMP (Bit Map)

　Windows がシステムレベルでサポートしているのが BMP 形式で、正式には「ウインドウズビットマップファイル」と言います。クリップボードを使ってグラフィックをカット＆ペーストする場合なども基本的に BMP でやり取りをしており、Windows では最も一般的なファイル形式です。

(6) JPEG 2000

JPEG 2000 に特化されたファイルフォーマットです。

(7) DICOM (Digital Imaging and Communications in Medicine)

CT や MRI、CR などの医療用画像フォーマット。画像は、ビットマップ RAW フォーマットなど、劣化しない可逆フォーマットで色深度（1 ピクセル当りに割り当てるデータ量）を高くすることができます。また、長期保存や通信で利用するために JPEG 系の非可逆圧縮で容量を抑えることも出来ます。DICOM 画像はタグ情報を内包しており、フォーマット名やデータ長、ユニークなインスタンス UID、シリーズ、モダリティ、患者情報、音声データ、撮影時間など、規格で定められた多様なタグ情報をもっています。

(8) DNG (Digital Negative)

アドビ社によって開発された画像ファイル形式で、メーカー間で非統一の RAW 画像を DNG 形式に変換することで互換性などの問題が解決します。

(9) ZIP

ZIP ファイル形式は、通常、複数の圧縮アルゴリズムをサポートします。デフォルトで使用される圧縮アルゴリズムは Deflate です。

(10) RAW (Raw)

デジタルカメラなどの出力は、JPEG 形式として出力しますが、RAW 画像はその元となるセンサーから取得した未加工の画像データです。カメラメーカーによって記録データの内部形式が異なり、またファイルサイズが大きくなることから、一般の利用には不向きです。RAW データから JPEG などのデータフォーマットにする処理を「現像」と呼びます。

7.3　音声ファイルフォーマット

音声ファイルフォーマットは、図 3-20 のように、音声データと符号化情報を格納します。

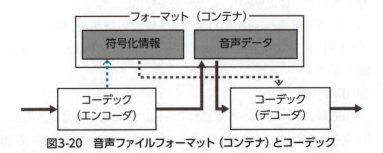

図3-20　音声ファイルフォーマット（コンテナ）とコーデック

（1）主な音声フォーマット

主な音声フォーマットには次のようなものがあります。

・WAV（Waveform Audio File Format）

　非圧縮の音声フォーマットで、PCM データを格納し、Windows が標準で対応しています。プロフェッショナルなオーディオ制作、編集、アーカイブなどに使われます。

・FLAC（Free Lossless Audio Codec）

　FLAC コーデック（可逆圧縮）用のフォーマットで、元の音質を保ったままファイルサイズを縮小できます。高音質音楽配信に使われます。

・OGG（Ogg Vorbis）

　オープンソースの音声フォーマットで、特許料が不要です。オープンソースプロジェクト、オンラインストリーミング、ゲームオーディオなどに使われます。

・AIFF（Audio Interchange File Format）

　PCM データを格納します。Apple によって開発され、Apple のエコシステムでのサポートが充実しています。プロフェッショナルな音声編集、マスタリングなど、音質を重視する場面で利用されます。音楽ファイルを非圧縮で保存したい場合や、編集作業で品質の劣化を避けたい場合に適しています。

・WMA（Windows Media Audio）

　WMA コーデック用の音声フォーマットで、DRM（デジタル著作権管理）をサポートしています。Windows Media Player やオンライン音楽配信などに使われています。

・MP4（MPEG4　Part14）

　多様な音声コーデックをサポートします。ストリーミングメディアに適した設計がなされており、ファイルの先頭部分に必要なメタデータを配置することで、ファイルのダウンロード中でも再生が開始できるようになっています。また、デジタル著作権管理（DRM）技術をサポートしています。

・MKV（Matroska Video）

　オープンソースの汎用コンテナフォーマットで非常に柔軟です。

・AVI（Audio Video Interleave）

　圧縮機能が限られています。昔から使われているため、多くの古いメディアプレーヤーやデバイスでサポートされています。

(2) 音声ファイルフォーマットとコーデックの組み合わせ

表 3- 5　音声ファイルフォーマットと音声コーデックの組み合わせ

音声ファイルフォーマット （コンテナ）	音声コーデック
WAV	PCM、ADPCM など
FLAC	FLAC

OGG	Vorbis、Opus、FLAC など
AIFF	PCM
WMA	WMA
MP4	AAC、ALAC、MP3 など
MKV	MP3、AAC、PCM など
AVI	PCM、ADPCM など

注記　ADPCM (Adaptive Differential Pulse Code Modulation、適応型差分パルス符号変調) とは、音声のデジタル符号化方式の一つで、前の信号値との差分を符号化することでデータ量を削減します。

音声ファイルフォーマット（コンテナ）と音声コーデックの組み合わせは表 3-5 の通りです。

7.4　動画ファイルフォーマット

動画ファイルフォーマットは、図 3-21 のように、映像、音声、字幕など複数のデータストリームを 1 つのファイルにまとめるコンテナとしての役割を果たし、フォーマット中に、各ストリームがどのコーデックで符号化されたかを示す情報をもっています。

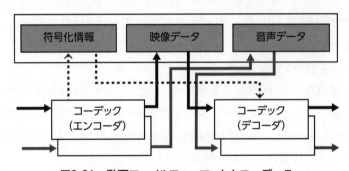

図3-21　動画ファイルフォーマットとコーデック

(1) 主な動画ファイルフォーマット

主な動画ファイルフォーマットには次の様なものがあります。

・MP4 (.mp4)

　よく扱われるフォーマットの一つで、幅広いプラットフォームで扱うことができます。Windows や Mac など、OS に依存せず再生が可能であり、パソコンに限らず、スマートフォンでの動画撮影・再生、YouTube 動画に対応しています。

・MKV (.mkv)

　オープンソースのフォーマットです。Matroska とも言います。高品質映画の保存、複数言語の字幕付き動画に対応しています。

・AVI (.avi)

　Windows の標準フォーマットで古いフォーマットです。様々な種類のコーデッ

クを格納できますが、mac での再生はできません。YouTube での投稿に対応していますが、AVI ファイルをアップロードすると、YouTube が自動的に再エンコードするため、元の品質が損なわれる可能性があります。

・MPEG-PS

DVD-Video の標準フォーマットです。

このほかのフォーマットとして、MOV（.mov）や FLV（.flv）があります。MOVは、Mac の標準の動画フォーマットであり、様々な種類のコーデックに対応しており、Mac で動画を再生・編集する際にの主流ですが、Windows での再生は、公式サポートが終了しているため推奨されません。

また、FLV（Flash Video）はアドビ社が開発したフォーマットで、YouTube・ニコニコ動画などの動画投稿サイトで対応している形式です。OS やブラウザに依存せず再生が可能でよく使われている形式でしたが、2020 年にサポートが終了しました。

（2）動画ファイルフォーマットと映像および音声コーデックとの組み合わせ

動画ファイルフォーマット（コンテナ）と、映像コーデック、音声コーデックの組み合わせは表 3-6 の通りです。技術的には、これら以外の組み合わせも可能ですが使われることは稀です。

表 3-6　動画ファイルフォーマットと映像および音声コーデック

動画ファイルフォーマット（コンテナ）	映像コーデック	音声コーデック
MP4	H.264	AAC
	H.265	AAC
MKV（Matroska）	H.264	AAC
	H.265	Opus
	VP9	Opus、Vorbis
	AV1	AAC
WebM	AV1	Opus、Vorbis
AVI	DivX	MP3、AC-3
	Xvid	MP3、AC-3
MPEG-PS（Program Stream）	MPEG-2 Video	MP2、AC-3、PCM

注記1　MPED－2 Video：ISO/IEC 13818-2
注記2　MP2：MPEG-1 Audio Layer II　知覚符号化（perceptual coding）と呼ばれる方式を使用して、聴覚に影響を与えない音声データを除去し、効率的に圧縮します。これにより、比較的高い圧縮率を維持しつつ、音質を確保しています。

第4章

文書の受領、作成、変換

　文書の受領に当たっては、正しい相手から送られてきたか、処理すべき内容であるかなどを判断する必要があります。また、受領した文書は、取扱いや保存運用に適した形式に変換することによって、様々な相手と幅広い業務に対応させることができます。

第4章　文書の受領、作成、変換

1 文書を受領する上で考慮すべきリスク

　電子的な文書が主に使用されるようになり、各組織を結ぶインターネット上のクラウドシステムの安易な利用が、文書の受領に多くのリスクをもたらしています。

a) なりすましリスク

　送付者になりすまして文書を送付されるリスクや、途中の経路で不正な情報を追加されるリスクです。

　例えば、インターネットを介して、送付者になりすました悪意のある文書が送付され、その結果、不必要な取引をするなど経済的な損害が発生しています。

　あらかじめ取り決めた経路ではない経路で送られてきた文書は、受領の可否を厳密に評価する必要があります。

b) 情報漏洩リスク

　アクセス権の管理を厳密に行わなかったり、設定ミスや過剰に付与したりして、本来その情報を取り扱う資格のない者が文書を取得し、他部門に転送するなどにより漏洩するリスクです。

　これには退職者などを通して情報が漏洩するリスクも含まれます。

　取得作業の役割を与えられた者だけが扱えるように管理する必要があります。

c) 情報汚染リスク

　取得した文書に当該業務には必要のない他社の秘密情報が含まれ、自組織の秘密情報に影響するリスクです。

　取得した文書が業務の目的に合致しているかを確認する必要があります。

2 文書の受領

表4-1　文書の取得経路と取得文書

取得経路 ＼ 取得文書	紙文書	マイクロフィルム文書	電子文書
郵送	○	○	○
データ交換基盤			○
クラウドステージ			○
Web API			○
電子メール			○
ファクシミリ	○		○

文書を受領する場合の、文書の取得経路と取得文書の関係を表4-1に示します。クラウドストレージ（共有ストレージ）の利用には、認証を伴うものと、リンクを知っているものは誰でもアクセス可能な形態があります。また、Web APIは、クラウド環境におけるDBアクセスの一般的な手段です。

図4-1は、以降で説明する受領プロセスのモデルを表しています。作業者は予め割り当てられている必要があります。

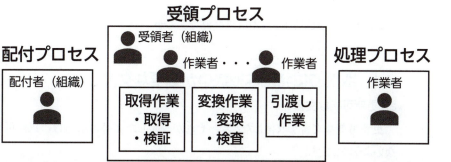

図4-1　受領プロセスのモデル

2.1　紙文書の取得

郵送または人的に配送されます。紙文書を取得した場合には、取得作業者、送付者、受領日、受領枚数や受領サイズを経緯情報に記載します。

2.2　電子文書の取得

a) 商取引基盤等データ交換基盤による取得

　データ交換基盤からの通知および該当文書を取得します。

b) 共有ストレージを経由した電子文書の取得

　送付者からのアップロード通知（共有ストレージから通知される場合もあります）および該当文書を取得します。

c) データベースから抽出された文書の取得

　通知されたクエリ情報とデータベースのアクセスプログラムで指定されたインタフェースを介して文書（データセット）を取得します。

d) 電子メールによる文書の取得

　電子メールのヘッダ情報、本文、および添付されている文書を取得します。

e) ファクシミリの取得

　ファクシミリが出力する画像形式データ（PDFファイルなど）を取得します。

　法規制によっては、紙文書に印刷した場合には、紙文書として取扱うだけでなく、ファクシミリの電子データも並行保存を要求されることに注意します。

2.3　取得した文書の検証

　取得作業の役割を与えられた作業者は取得した文書に対して、次の検証を行います。

・取得した文書が、業務目的に沿っているか
・送付時点で文書が存在していたか（時刻証明などにより確認）
・送付者が配付者によって認証されているか（送付者の電子署名やそれに代わる手段で確認）
・受領者によって認証された取得経路であるか

2.4　取得時に特別な取扱いが必要な文書

a) 更新可能な文書

　更新可能な文書を取得したとき、それが確定した文書の場合は、以降更新できないようにします。

b) 実行可能な処理プログラムが含まれている文書

　実行された結果を受領します。また、自動実行が処理されないように受領時に、処理プログラムの自動実行を停止します。

c) 複合文書

　複合文書を取得したときは、方針に従って、リンク付けられたファイルを取り込みます。リンク先が信頼できない場合には、リンク先のファイルをアクセスしてはなりません。

d) 自己修正文書

　自己修正文書を取得したときは、処理プログラムを動作させないようにするか、その処理プログラムを持たない文書に変換します。

e) CSV形式

　CSV 形式を受領する場合は、文字列の順序に意味があるため、あらかじめ配付元と調整しておきます。

f) XML形式

　XML 形式を受領する場合は、あらかじめ該当する文書ファイルのタグの定義を配付者と調整しておきます。

参考　複合文書、自己修正文書

複合文書 (Compound document)

　リンクで関連付けられたファイルをオブジェクト（図や表など）にもつ文書を複合文書と呼びます。

自己修正文書 (Self- modifying document)

　文書を開いたり操作を行ったりするたびに内容を変更する処理が組み込まれ

文書の受領、作成、変換　第4章

文書を開いたり操作を行ったりするたびに内容を変更する処理が組み込まれている文書を自己修正文書と呼びます。受領、表示、または印刷される都度、データが更新されます。

　例　「現在の日付」を生成する実行可能な処理プログラムが含まれる自己修正文書は、表示、印刷のたびにその時点の日付に変更され表示、印刷されます。

3 文書の作成

3.1　公式な文書の作成

　組織として公式な文書の作成に当たっては、文書の信頼性を担保するために、以下の点を考慮する必要があります。

a) 作成する文書の種類や目的の明確化

b) 所定のフォーマットの利用（ロゴ付きなど）

c) 文書番号の付与

d) 当該業界における専門用語の使用

e) 出典やデータの出所の明示

f) 業務に関連する法令や規制への適合

　なお、組織外に送付または組織外と共有する文書は、次の事項に留意します。

・環境依存文字を使わないようにします。

・表示されていない情報（コメント、注釈、変更履歴、非表示セルなど）を評価し不要なものは削除しておきます。

・メタデータ（プロパティともいいます）を評価し、不要なものは削除しておきます。

3.2　作成文書の検証

　作成された文書に対して、査閲者や承認者は次の検証を行います。

①作成作業の役割を与えられた作業者が作業したこと

②作成文書が作成目的や作成要綱に沿っていること

4 処理可能な形式への変換

　文書を処理に引渡しできる形式に変換します。変換の中には、文書全体のデータ形式を変換して処理に引渡しすることや、文書の中から、必要な情報を抽出して、処理に引渡すことが含まれます。

4.1 紙文書の電子化

　紙文書を、画像形式データに変換する作業です。紙文書を画像形式データに変換する作業をスキャニングと呼びます。

　紙文書は、イメージスキャナー、デジタルカメラ、ファクシミリなどスキャナー機器によって画像形式データに変換されます。さらに、変換された画像形式データは、処理可能なデータ形式に変換します。

　紙文書のスキャニングは、スキャナ機器の準備および点検並びに紙文書を整理して、実施しなければなりません。紙文書を受領した場合には、受領した経緯情報とスキャニングした文書、処理可能なデータ形式に変換した経緯情報および変換後の文書を保存運用しなければなりません。

(1) スキャニング作業前の準備および点検
a) 紙文書に対する準備

　紙文書をスキャニングする場合は、次の準備作業をしなければなりません。

・作業開始前に、スキャニングする紙文書にクリップ、ステープル、付箋紙、紙折れ、しわ、汚れおよび紙粉の付着がないことを確認します。

・紙文書が汚損または破損している場合は、紙文書の状態を維持する必要がある場合を除いて、紙文書を複製してスキャニングすることができます。紙文書の状態を保存する必要がある場合は、受領した紙文書をスキャニングしなければなりません。

b) スキャナー機器に対する点検

　スキャナー機器の読取り部および自動文書送込み装置の給紙搬送部にごみおよび汚れがないことを確認します。

・文書情報システムにとっての適正を確認した上で、紙文書をスキャニングし、画像形式データを生成します。圧縮や解像度の調整により、文書の内容が欠如する場合には適用しません。

・スキャニングに際して、自動文書送込み装置の妥当性を判断する際、ISO 12653-3の試験標板を利用し、検査項目を満たしていることを確認することが望まれます。

(2) スキャニング

・紙文書は、スキャナー機器を用いてスキャニングします。

・マイクロフィルム文書は、マイクロフィルムスキャナーを用いてスキャニングするなか、一度紙に出力後、スキャナー機器を用いてスキャニングすることもできます。

文書の受領、作成、変換　第4章

・ファクシミリを受領後、印刷した場合は、紙文書同様にスキャナ機器を用い
てスキャニングします。

　注記　ファクシミリを印刷した場合には、印刷した紙文書ならびにイメージ形式に変換した文書を並行
　して、保存する必要がある場合があることに注意します。

・電子文書を受領後、印刷した場合は、紙文書同様にスキャナーを用いてスキャ
ニングします。

　注記　電子文書を受領し印刷した文書を受領した文書とする場合には、受領した電子文書と印刷した
　紙文書を並行して、保存する必要があることに注意します。

(3) 画像品質の維持

　画質が、求める品質に達していない場合には、次の機能を使用して、画質を維
持します。

① スレッショルド (threshold) 設定

　文書をスキャナーで読み込んだ際に、モノクロに2値化する際のしきい値
を決めるものです。濃度の薄い原稿を読む際は、スレッショルドを下げること
により濃く読めます。逆に濃度の濃い原稿は、スレッショルドを上げて読込
めば文字の再現性は向上します。

　注記　スレッショルド (threshold)：スレッシュホールドと呼ぶ場合もあります。

② ドロップアウトカラー

　カラーの文書をモノクロでスキャニングする場合、文字が読めなくなること
があります。この場合は、スキャナーのトーンカーブを変更したり、特定の色
を読まないドロップアウトカラー（照明光を特定の色にする）を変更すること
で、白黒を反転して、文字を読むことができるようになります。

③ ダブルフィード検出

　ダブルフィードとはシートフィーダ型スキャナーで、用紙が誤って一度に2
枚以上送り込まれることです。これが発生すると原稿の欠落が生じることが
あります。これに対し、超音波センサーなどで用紙の枚数を検出して、ダブ
ルフィードが発生した場合に装置を停止して、エラーが発生したことをオペ
レータに通知する機能があります。

④ スキュー（傾き）補正

　スキャニング中に用紙が傾斜すると傾いた画像となります。この傾きを自動
的に補正し、さらに自動的に用紙サイズに合わせた画像の切り出し（クリッピ
ング）を行う機能です。あまり大きく傾斜すると読み取るべき部分が読み取り

59

範囲からはみ出すため、補正が出来なくなるので注意が必要です。

⑤ モノクロ・カラー自動判別

　　原稿がモノクロなのかカラーなのかを自動的に判断し、適切なファイル形式（例えば、モノクロの場合は G4 圧縮、カラーの場合は JPEG 圧縮）に変更する機能です。

⑥ 自動向き補正

　　原稿の天地や縦横の向きを自動的に認識し、ページの向きを正しく補正する機能です。

4.2　大量な紙文書の電子化

　紙文書をスキャニングする作業は、外部の専門家に委託される場合も多くあります。受託した事業者の立場も含めて、大量の文書を扱う場合に注意すべきことをあげます。

(1) 作業環境、文書の持ち出し
① 作業場所および作業者

　　委託者の情報の取扱い基準によっては、文書の持ち出しが禁じられていたり、作業者の資格が特定されていたりする場合があります。

② 作業期間

　　委託者が使用する可能性がある文書は、一定の期間だけ受託した事業者に貸与される場合があります。委託者が求める期間内に作業が完了するように、スキャニング機材や作業者を割り当てるようにします。

③ スキャニングの対象となる文書の持ち出し方法

　　文書によっては、現物を直接スキャナーにかけることができないものや、長期間にわたって持ち出しができないものも多くあります。対象文書の特性に応じた機材を選定することを考慮します。

(2) 準備作業
① 対象文書の保存状態の確認

　　文書の保存の形態（並べ順、ファイルに入っている、クリップで留められているなど）や、文書の内容（字の薄いものと濃いものが混在、サイズがまちまち、

キーとなるコードの書かれている場所が一定しないなど）により作業性が大きく
違ってきます。保存状態を確認し、その状態から作業計画を立案します。

② スキャニング作業の試行

作業計画が予測しにくい場合は、実際の文書を用いて試行します。その結
果をもとに単位時間あたりの入力数を決定します。

③ 必要な機材の数量の決定

事前の調査に基づき、単位時間あたりの処理量から必要な機材の数量を決
定します。

④ 作業計画と体制の決定

機材の数と作業性から、作業計画を作成します。その際、スキャニング作
業だけでなく準備作業や検証作業の作業時間も見込んでおきます。

(3) スキャニング作業
① 事前のチェック

スキャニングする文書は、事前に適切な文書であることが確認された文書
だけを対象とします。スキャニングする前に適切か否かを判断し、不適切な文
書を除いて作業することを推奨されます。

処理する束ごと（バッチ単位）の枚数を確認しておき、処理後に枚数を確
認します。また、バッチごとの枚数を登録票に記載します。処理対象の文書
に関する索引情報が読込まれたか否かのチェックに利用します。

② スキャニング漏れの防止

スキャニングする前にナンバリングマシンを用いて文書に一連の番号を振る
ことにより、検証を容易にすることができます。スキャナーの中にはインプリ
ンターを内蔵しているものがあり、スキャニングと同時に一連の番号を打つこ
とができる場合もあります。

(4) スキャニングした文書の一時保管
① 手作業によるスキャニング方式

スキャニングした電子文書のファイル名称および保管場所を指定して、文書
を保管します。

② 自動変換方式

スキャニングする紙文書の目的および役割によって文書情報システムでの変換した文書の保管場所を決定しておき、スキャニングした文書からOCR、OMRまたはICRによって、保管場所名および電子化文書ファイル名などを生成し、生成された保管場所名およびファイル名を使用して文書を一時保管します。

(5) 作業の経緯情報の保存

受領した文書および変換した文書および作業の経緯情報を保存運用に移行します。また、作業者の画質などの確認結果についても保存運用します。

4.3　電子文書の変換

(1) 画像形式からテキスト形式への変換

画像を、光学式文字認識（OCR）またはAI-OCRを使用して、テキスト形式に変換します。

変換作業者は、変換後の内容が変換前と一致していることを確認し、一致しない場合には、あらかじめ決めておいた修正手順に従って修正します。修正を行った場合は、修正の経緯情報と修正前、修正後の文書を保存運用に移行します。

変換精度を向上させるために人工知能（ＡＩ）技術を利用することも可能ですが、100％の精度は保証されていません。そのため、当該技術を利用した場合においても確認する作業は必要になります。

(2) バーコード、QRコードからテキスト形式への変換

文書に示されたバーコードまたはQRコードを、テキスト形式（CSV形式またはＸＭＬ形式）に変換します。

注記　「QRコード」は、株式会社デンソーウェーブの登録商標です。

OCR/AI-OCR、バーコード、QRコードの利用については、第7章④を参照してください。

⑤ メタデータの取得と検証

受領プロセスにおける経緯情報には、文書の受領日、受領作業者、受領検証日、受領検証者、受領検証結果、変換日、変換作業者、変換作業結果、保存日、保存作業者、保存作業結果、引渡し作業日、引渡し作業者、保存運用開始日、保存運用者、保存運用作業結果を含みます。

(1) メタデータの取得

　メタデータは、取得した文書、および文書の取扱いの作業から取得します。取得されたメタデータは、処理で使用できる文書形式に変換された文書に付加して、処理プロセスに引渡します。

　受領、引き渡した文書、および経緯情報を保存運用する場合には、取得されたメタデータを検索のインデックスとして使用します。

　受領した紙文書、およびマイクロフィルム文書を電子環境で保存運用しない場合は、取得したメタデータを索引として使用します。

(2) メタデータの検証

　取得したメタデータは、受領または作成した文書に由来することが検証されなければなりません。

- ・受領または作成した文書から変換し、取得したデータ
- ・文書の取扱いおよび保存運用の経緯から得られたデータ
- ・同一目的のメタデータ内容の表記に揺らぎがないデータ
- ・文書の取扱い作業と同期して取得または更新されたメタデータ

6 スキャニングした電子化文書の検査

　元の文書の全てがスキャニングされていること、変換された文書に保管されたメタデータ（ページ数、検索に使用する索引）と画像形式で保管されている文書の完全性、および画像データのずれと鮮明さの視認性を検査します。

　検査の結果、処理不可能な文書と判断した場合には、再度スキャニングします。

　検査結果は変換作業の経緯情報として、保存運用に移行します。

(1) 電子化文書の画像品質検査方法

　スキャニング時に確認が必要な画質情報を、次に示します。

- ・欠損

　画像の有効範囲、位置ずれ、および傾きを検査し、画像の欠落がないことを確認します。

- ・画像欠損

　画像の周辺部をスキャニングされた元の文書と比較し、周辺部の画像欠損、余分な枠がないことを確認します。

- ・傾き

　画像をスキャニングされた元の文書と比較し、傾きが許容内であることを確認します。

- ・濃度

第4章 文書の受領、作成、変換

下地かぶりまたは裏写りがなく適正な濃度であること、文字につぶれ、およびかすれがなく判読可能であることを確認します。

・ごみおよびしわ

画像全面に亘り、ごみまたはしわがあることによって文字、記号および画線が読み取れないことがないことを確認します。

・すじ

スキャニングされた元の文書の濃度の高い部分と画像とを比較し、白すじのないことを確認します。また、スキャニングされた元の文書の余白部と画像とを比較し、すじのないことを確認します。すじは、スキャナー入力部のゴミ・きず・汚れなどによって発生します。発生した場合は清掃および保守します。

・色再現性

スキャニングされる文書の中から色再現されていない文書を選び、色再現性が許容内であることを確認します。

・カラー線の色のずれ

スキャニングされる文書の中からカラー線の色のずれのある文書を選び、色のずれが許容内であることを確認します。

・モアレ

規則正しい細かい模様部分に、周期的なしま(縞)状のパターン(モアレ)がないこと、またはそのレベルが許容内であることを確認します。本や雑誌に印刷されている写真や絵は細かな点の集まりで表現されています。そのため、スキャナーのセンサーの密度とのずれで起こる現象です。点と点の干渉で、画像に濃淡のむらや縞模様が表れます。スキャナーにモアレを低減する機能がある場合には、使用することが推奨されます。また、モアレ低減機能が無い場合にはスキャナー解像度を変更することで低減できることもあります。

・裏写り

紙が薄いときや、裏面に濃い色が印刷されている時など、裏側の模様が薄く映る場合があります。このような時には、スキャナーの設定に裏写り防止機能があればそれを利用し、それがない場合は、明るさやコントラスト補正などの機能を用いる事でも軽減できます。また、裏側に黒い紙を置く(背景と同系統の色であり、背景が赤なら赤い色の紙)ことで対応できることもあります。

(2) スキャニング機器の品質

・試験標板

試験標板は、紙文書やマイクロフィルム文書を電子化する入力装置が、画像品質において十分な性能を保持したものであるか確認するとき、または、装置の性能の経時変化を検査するときに用いるものです。

文書の受領、作成、変換　第4章

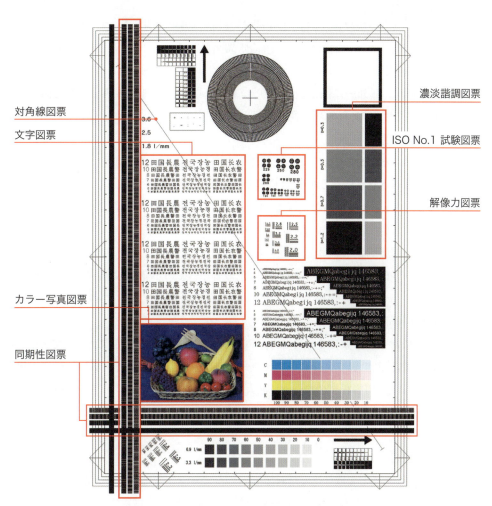

図 4-2　ISO 12653-3 試験標板のデザイン配置図

白黒文書とカラー文書のいずれにも対応したISO 12653-3「エレクトロニックイメージング－オフィス文書の走査の試験標板－第3部：低解像度で使用する試験標板」を使用します。

・解像力図票

確認事項としての解像力不具合の現象は、文書全体に文字や線がぼやけて見えることです。この判定基準は、予め定めた解像限界を求めることにあります。

・文字図票

文字図票は、画像上の文字の可読性を確認するための図票です。文字認識の指標として利用できます。

・ISO No.1 試験図票

目視によって、縦および横のそれぞれの条線が分離しているかどうかを確認することで、図形および可読性の限界を評価します。

・濃淡階調図票

この不具合の現象は、写真など中間調の絵柄の再現が劣ることを示します。この場合の判断基準は、試験標板上の濃淡階調図票を目視で比較することにあります。

・同期性図票

不具合は、部分的に像が流れたり、つぶれたりします。判断基準は走査の同期性のぶれ、および升目の均一性を確認します。

・対角線図票

これによる品質の確認は、文書全体の走査と安定性です。不具合の現象は、斜めの線がぎざぎざになったり、対角線が部分的に飛んでしまうようなこと（線が消えてプリントされなかったり、かすれたりすること）が起こります。判断基準は、対角線の直線性の確認や同期性レベルからチェックします。

・カラー写真図票

カラー写真の色相と濃度の再現性（色の著しい違いが発生していないか）を確認します。

・色のにじみ

これに対する図票はありませんが、白黒用の試験標板を全面にわたってカラー走査すると、黒線や文字に一部カラーのにじみが見える場合があります。この場合、例えば、10倍程度のルーペ（拡大器）を用いて像を拡大し、三原色を構成する色のにじみが目立ち目視検査で黒が黒として見ることが無理な場合は品質不良とします。

・画質評価

スキャナーなどで取り込んだ画像データは、そのままでは容量が大きいため、保存・活用するためには圧縮し、データ容量を削減します。非可逆圧縮の場合、ある程度のデータを省略しているため、画質が悪化します。この悪化程度を人間により評価する主観的評価では、人に依存しているため評価にばらつきが出てきます。これをなくすために信号解析により定量的に評価するPSNR（ピーク信号対雑音比:Peak Signal to Noise Ratio）や、SSIM（Structural SIMilarity）などが用いられます。PSNR は、非可逆圧縮によって発生する差異（ノイズ）と原画像の比率で、単位は dB（デシベル）で表されます。この値が大きいほど差異は少なく、原画像に忠実であることになります（同一の場合は∞）。

SSIMは人の視覚特性に類似した比較を行っており、主観評価と客観評価(計算結果)の一致性はPSNRより高い傾向にあると言われています。しかし、計算に用いるパラメータ値が一義的に定められておらず、パラメータ値によりSSIM値が変化するため、対象とする画像におけるパラメータ値の妥当性を評価したうえで運用する必要があります。従って、画質の評価基準を作る場合、SSIMの計算式を具体的に示さなければなりません。

文書の受領、作成、変換　第4章

表4-2　圧縮画像の数値目安

PSNR	SSIM	主観評価
40 〜∞ [dB]	0.98 以上	元の画像と圧縮画像の区別がつかない。
30 〜 40 [dB]	0.90 〜 0.98	拡大すれば劣化がわかるレベル。
30 以下 [dB]	0.90 以下	明らかに劣化がわかる。

第5章

文書の流通、共有、検索、公開

　文書の流通や共有の範囲は、ネットワーク技術の進展、電子商取引やリモートワークの普及に伴い、急速に拡大しています。文書の重要度や機密性に応じた適切な取り扱いを実施することで、組織間で安全に効率よく流通や共有ができるようになります。

第5章　文書の流通、共有、検索、公開

1 文書の流通・共有環境の変化

　文書は、かつては物理的な手段を使って共有していましたが、昨今は、クラウドファイルサーバや商取引の仕組みを利用して、世界中の組織と組織の間で文書を流通・共用することができるように変化してきました。

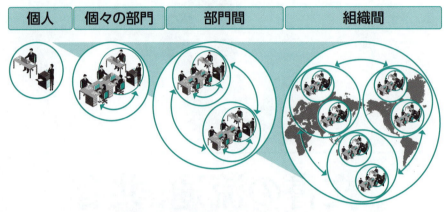

文書は、組織内で共有されるだけでなく、世界中の誰とでも共有したり
授受したりすることが可能になりました。

図5-1　電子文書の流通共有環境の拡大

　文書の流通や共有に使用される文書情報システムも、組織内で運用されるオンプレミスなサーバシステムに加え、クラウドシステムを使用したサーバシステムが使われるようになり、文書を多数の人や組織の間でリアルタイムに共有できるようなりました。

　一方で、文書情報システムでの取り扱いが不十分で、利用する権限の無い人がアクセスしたり、組織の意図に反して持ち出したりするなど、文書の漏洩の原因になっています。例えば、「退職者が、経営情報を競合する転職先に、持ち出して使用する」、「競合先から違法に取得した技術情報を自社商品に転用する」など、文書の持ち主の権利を侵害して経済的な損害が生じている事例があります。

　また、文書の流通・共有の基盤となるインターネットは世界中のどこからでもアクセスすることができるため、機密性の高い文書が漏洩するリスクがあります。

　これらは、世界的に見ても大きな問題として扱われています。例えば、GDPR（欧州一般データ保護規則）、CCPA（カリフォルニア州消費者プライバシー法）などデータ保護に対する規則が制定され、日本も、機密を保護する仕組みを認証するセキュリティクリアランスが導入されました。

　ITシステムにおいてもセキュリティ（機密性・完全性・可用性）を確保することが求められます。クラウドシステムを利用した場合のIT資産管理を実現するために、ISO 27017（クラウドセキュリティ）の認証が始まっています。

　このような背景の下、文書情報マネジメントも、信頼性のある文書の流通・共有

に対応できるよう拡張されています。

[2] 異なるプラットフォーム間の相互運用

　組織間において、異なるシステムやプラットフォームを連携して文書の流通や共有を図るためには、相互運用性（Interoperability）が重要になります。相互運用性は、異なるシステム、機器、ソフトウェア、または組織が、互いに円滑に連携し、文書、データ、サービスを交換・利用できる能力を指します。

2.1　相互運用性の原則

　相互運用性の原則は、異なるシステムやプラットフォームの連携を推進する中核となります。

a) オープン性

　オープン性とは、仕様が公開され、改訂や変更が公開の場で議論されることを言います。オープンな仕様は、システムやプラットフォームの互換性を確保し、長期的な継続性を保証します。ベンダーロックインの回避は、システムの拡張性と柔軟性を向上させます。

b) 透明性

　透明性とは、仕様、ルール、データの取り扱いが明確で、一貫性を持って公開または共有されていることを指します。システムやプロセスの仕様やルールが明確であることで、理解しやすくなり、異なる技術間の統合がスムーズに進みます。また、透明性はトラブルシューティングや監査の効率向上にも貢献します。

c) 再利用性

　再利用性とは、異なるシステムやコンポーネントが互いに連携し、再利用しやすくなるように設計されるべきだという考え方を指します。既存の技術やプロセスを活用することで、開発・運用コストを削減し、効率化を図ることができます。同じ技術やプロセスを異なるシステムやプラットフォームで活用することで、システムの持続可能性と拡張性を向上させます。

d) 技術中立性

　技術中立性とは、特定の技術や方式に依存せず、どの技術も公平に扱うことを言います。特定の技術やベンダーに依存しないことで、相互運用性を保ちつつ、新技術の導入を容易にすることができます。市場の変化に柔軟に対応でき、技術革新を妨げることなく、持続可能なシステムを構築でき、異なる技術との連携も容易になります。

e) セキュリティ

　システム間の相互運用においては、データの保護と不正アクセスの防止が不可

欠です。標準に基づくセキュリティ対策により、データ漏洩や不正操作のリスクを低減し、セキュアなシステム連携を実現し、信頼性の高い相互運用環境を構築できます。

2.2 相互運用性モデル

複数組織による異なるプラットフォーム間の相互運用は図5-2に示すような5つのレイヤ構造にモデル化することができます。

a）相互運用性のガバナンス

相互運用性のガバナンスには、相互運用性の枠組み、ポリシー策定とルール化、組織構造や、役割と責任、関係者間の合意が含まれます。

b）法的相互運用性

国内外の個人情報保護や会計・税務関連の規制に準拠した管理を行い、法的制約との整合性を保ちます。

c）組織の相互運用性

業務プロセスにおける文書の取り扱いや責任境界を調整します。

d）意味的・構文的相互運用性

セマンティック相互運用性とも言います。異なる組織やシステムがデータをやり取りする際に、そのデータの意味が正しく解釈され、相互に理解できることを指します。流通や共有するデータ項目の意味や構造を定義し、統一されたフォーマットでやり取りできるようにします。データフォーマットの変更時には、適切なバージョン管理を行い、後方互換性を考慮します。

e）技術的相互運用性

異なるシステムやプラットフォーム間でデータやサービスを円滑にやり取りできるようにする仕組みを指します。このレイヤには、通信プロトコル（HTTP）、データフォーマット（JSON、XML）、API（REST、SOAP）、認証・認可（OAuth、SAML）などが含まれます。

この5つのレイヤモデルを適切に適用することで、異なる組織やシステム間でのスムーズな相互運用を実現することができます。それぞれのレイヤは相互に関連し、技術的な実装だけでなく、ガバナンスや法的枠組みへの整備も不可欠です。

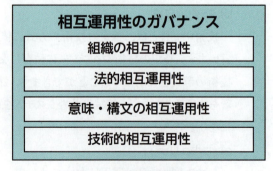

図5-2 相互運用性のモデル

2.3 事前の合意形成

取引の前提になる文書の取り扱いについて、当事者間の合意は信頼のおける文書の流通および共有のために不可欠です。文書情報マネジメントの運用においては、方針に基づいてその運用方法を規定し、次のような事項について事前に合意しておく必要があります。

合意事項の例：
- 相互運用方針、ルール、責任範囲、取り扱う文書の機密性レベル
- 認証方法、付与するアクセス権
- 可用性、障害時の対応
- プロトコル、フォーマット、API

また、日常的に文書を流通、共有する相手方とは、機密保持契約を取り交わして、双方の知的財産権および権限を確認することが推奨されます。

3 文書流通における完全性、信頼性、安全性、可用性の確保

文書流通においては、その運用に、完全性、信頼性、安全性、可用性の確保が求められます。

a) 送付および取得作業の完全性

送付および取得作業が完全であるようにしなければなりません。作業が完全であるということは、文書を取り扱う間に不適切な文書が混じり合ったり、権限の無い人に提示されないように運用されていることを言います。

送付作業においては、適切な作業者に作業が割り当てられている、処理作業中に他者の文書と混じり合わないようしている、機密分類に示された取扱い基準によって発行が決定されていること、

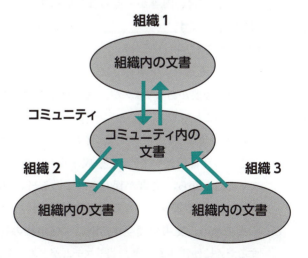

コミュニティでは、各組織からコミュニティに提供される文書、およびコミュニティから各組織に提供する文書の利用権を厳格に管理します。
図5-3　協働コミュニティにおける文書流通

またそれらが実施されていることを説明できなければなりません。

また受領作業においては、適切な作業者に作業が割り当てられていること、受領組織に使用権限があること、

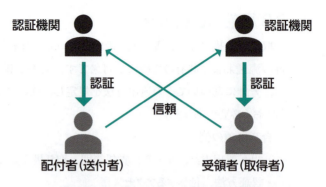

授受する文書の配付者、受領者の双方が認証されているようにします。
図5-4　文書の授受における相互認証

業務分類や機密分類に示された処理作業者に引き渡されること、またそれらが説明できなければなりません。

b) 相手の信頼性

　文書の配付者が誰であるかよく確かめずに受領した場合、不適切な金銭の支払いをさせられたり、受領した文書に機密を引き出すプログラムが含まれていたために、情報が漏洩した事例があります。

　文書を流通または共有する場合には、授受する相手を相互に理解するだけでなく、その通信路にアクセスする権限を持つ作業者の認証（利用者確認）を徹底する必要があります。共有・流通の中間事業者を使用する場合には、中間事業者の作業者についての認証も必要です。

　つまり、発行者、受領者、および中間事業者が相互に認証された状態で、文書を、流通または共有することが求められます。

　また、文書の内容から得られる信頼性情報により文書が信頼できるか否かの評価を行います。

c) 安全性（セキュリティ）

　文書の流通および共有では、文書情報マネジメントを導入する場合に、最も注意を払う必要があるリスクが、流通経路や共有場所で、文書が漏洩したり、改ざんされることです。

　情報のサプライチェーンは、インターネット環境を使用しています。そこで、使用される文書情報システムを構成するIT資産は、国、地域をまたいで使用されていることから、文書が保存されている当該国の法令によって、押収されたり、ネットワーク機器から異なる場所に配信されたりすることがあります。

　そのため、文書を授受する際に、使用権の管理を徹底するだけでなく、授受するために使用する文書情報システムがどのような経路で文書を運ぶようにしているか確認する必要があります。

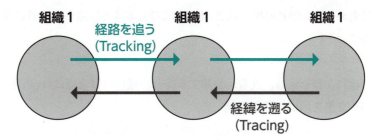

文書の流通経路、流通経緯を把握できるようにします。
図5-5　文書の流通経路

d）可用性

　文書の流通や共有において、参加する各組織のシステム可用性は極めて重要です。SPO（Single Point of Failure：単一障害点）が存在すると、一部のシステム障害が全体の連携や業務に深刻な影響を及ぼす可能性があります。特に、複数の組織にまたがって連携するサプライチェーンでは、可用性の低下は情報の遅延、業務停止、信頼低下を招きます。したがって、各組織は自己のシステムにおけるSPOの特定と排除を行い、高可用性を確保する必要があります。具体的な対策としては、システムの冗長構成、クラウド環境の活用、定期的なバックアップ、自動復旧体制の整備などがあります。

4 文書の流通、共有、公開

　文書の流通では、文書の作成または受領、処理、発行、および送付の作業を管理しますが、共有する場合においても、送付者からの文書の受領、処理、および受領者に送付する作業を適用して文書の取扱いを管理します。

　文書を流通または共有する取扱いに対して、文書情報マネジメントを適用するためには、組織内での文書情報マネジメントの要件に加え、取扱い作業の完全性、送

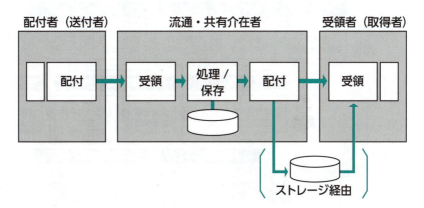

文書の流通、共有いずれの場合も、文書を受領、処理、配付のプロセスを経ます。
図5-6　組織間の文書取り扱いプロセス

付者および受領者の相互認証、流通および共有する経路の安全性確保の考慮が必要になります。

次に文書を流通、共有、公開する場合の運用の留意点について解説します。

(1) 文書を用いた取引業務

図5-7 に調達業務での見積依頼を受領、処理、配付する具体的な例を示します。

受領した文書は、組織内で処理され、取引先に送付されます。

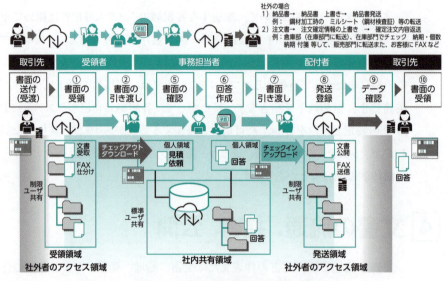

図5-7 文書を用いた取引業務の例

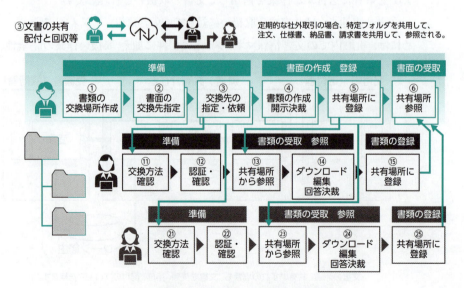

図5-8 複数の組織に文書を展開した業務遂行

図 5-8 に、取引先が複数になった場合のプロセスの流れを示しています。1社から 2 社に対して、見積依頼が提示されます。また最初に見積を準備した会社は、2 社からの回答を受取って、処理が完了します。

取引先は、他社への見積内容などが参照できるようでは、機密性は維持できません。そのため、文書情報システムを使用して、流通または共有する場合には、厳格に当該の文書保存領域に、アクセスできる権限を限定するなどの適用が必要です。

複数の組織との関係を維持しながら、業務を推進することは、日常的な作業です。複数の組織を通して、作業を推進する場合の文書情報マネジメントでのリスクについて説明します。

図 5-9 には、取引先から受領した見積依頼に対して、部品の見積依頼書発行を社内の関連部署や社外の部品調達先に送付したのち、受領した各見積の回答を元に見積書を処理、発行し、見積依頼元の取引先に送付する作業を示しています。

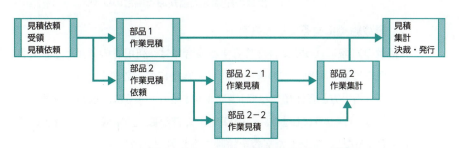

図5-9　文書の流通は、作業の委託状況によって変わる

図 5-10 のように文書を流通する組織が一つ（社内で全てが実施される）の場合は、受領送付時に、流通および共有に対するリスクがあります。

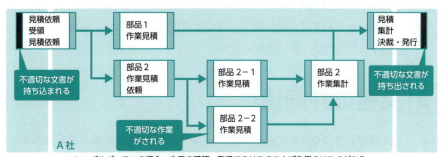

シングルパーティの場合、文書の受領、発行でのリスクおよび作業のリスクがある。
図5-10　文書を授受する場合のリスク

一方で、図 5-11 に示したように、多くの会社で作業を分業、共同してあたる場合には、A 社の知的財産や経営資源を示す文書と B 社、C 社の文書が混じり合うことにより、事前に取り決めをしておかないとそれぞれの知的財産権や機密を侵

すリスクがあります。また、送付先での文書の使用方法に送付者側の意図が通じないことも多く、一度外部に漏れてしまった機密情報の回収や抹消は、対応することができません。

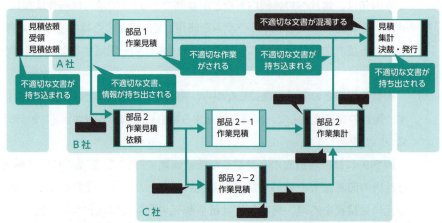

マルチパーティの場合：文書の混濁（コンタミネーション）含めて、パーティが増加する都度リスク要因は倍増する。

図5-11　複数の組織を文書が渡る場合のリスク

(2) 複数組織に亘る文書の共有

複数の組織に亘って文書を共有する場合には、利用者の認証とその文書に対する更新や複製、移動などの権限の認可を厳格にする必要があります。

また、相手方と著作権などでトラブルがおきないように、取扱いを契約によって、明確にしておくようにします。このほか、文書が確定（完成）する都度、暗号化して保存するなど、完成した文書を保護するようにします。

(3) 文書の公開

組織の持つ文書を公開する場合には、Webページに掲載、電子メールによる送信、またはソーシャルメディアに掲載する手段を使用します。公開は、組織の持つ個人情報や営業機密保護の観点から、多くのリスクがあります。

公開にあたっては、取り扱う文書の重要度、機密性から分類を定義し、公開に分類されたものだけを公開します。

5 文書の共同編集

文書は、クラウドストレージやファイルサーバの共有領域で共有することができます。通常、文書を共有する相手を指定する機能、旧バージョンなど関係する文書を示す機能、同時アクセスした場合に、複数の使用者が文書を編集してデータに矛盾が生じないようにする排他処理機能などを備えています。

a) 排他処理機能

文書を同時に編集した場合に矛盾が生じることがあります。自分が編集したい

ときに、アクセスする他者からの編集を排他する機能を持っています（チェックイン／チェックアウト機能と呼ぶ製品もあります）。この機能を利用して、自らが編集しているときに、他者からデータを更新できないようにすることで、自らの編集結果を確かに残すことができます。

b) アクセス管理機能

特定のフォルダや文書に対して、アクセス制限ができる機能です。所有者、参照権、更新権などの権限に対して、利用者を関係づけて管理します。マスタとして使用する文書などは、アクセス制限を行い、保護します。

6 文書の検索と参照

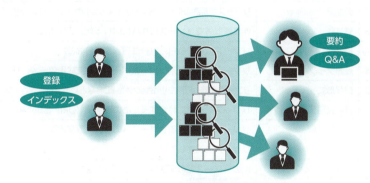

図5-12　文書の検索と参照

文書は、大量の文書から必要となる項目を探索したり、文書に含まれる語句から頻繁に扱われる語句を抽出して、特定の事象に対する文書の生成に再利用されています。

文書を検索できるようにするためには、文書を登録し、検索できるようにインデックスや分類を生成しておきます。こうすることで、検索時にキーワード同時に編集することができるシステムもありますが、多くの編集用データを同期する必要があることから、一部の文書情報システムに限定されます。

問合せの文書をキーにして特定の文書が表示されるようになります。

(1) インデックス情報（メタデータ）

インデックス情報は、文書を検索する際に利用する索引のことです。文書の内容を表すメタデータを使用する場合もあります。文書のデータに含まれる要素を整理、検索、分類するために使用します。

インデックス情報（メタデータ）には次のデータが含まれるようにします。

・ファイルやデータの位置(URL など)、文書名称、作成・更新日時、操作者など文書の物理的な位置や使用履歴を示すデータ

第5章　文書の流通、共有、検索、公開

・文書を再現するために必要なアプリケーションやデータ形式を示すデータ
・業務使用する文書については、内容ごとに文書を整理するための帳票内容の一部のデータ

　表5-1に検索用インデックスの標準形式（ダブリンコア）を、表5-2にDVDやBR-Rなど光メディアを使用して文書を保存する場合のインデックス情報（メタデータ）の例を、表5-3に物理的なメディアの管理台帳の例を示します。

表5-1　検索用インデックスの標準形式（ダブリンコア）

	要素名	ダブリンコアの説明
1	タイトル (Title)	リソースの名前
2	作成者 (Creator)	リソースに対して責任を持つ人又は組織
3	キーワード (Subject)	リソースのトピックおよび分類コード
4	内容記述 (Description)	要約、目次などリソースの内容の説明・記述
5	公開者 (Publisher)	リソースを現在の形態で利用できるようにした人又は組織（出版社、大学など）
6	寄与者 (Contribution)	作成者以外でリソースの作成に関わった人又は組織
7	日付 (Date)	リソースに関する日付（作成日、公開日など）
8	資源タイプ (Type)	リソースの内容種別（ホームページ、研究成果報告書、技術文書など）
9	記録形式 (Format)	リソースのデータ形式（Postscript、PDFなど）および大きさ（ファイル容量など）
10	資源識別子 (Identifier)	リソースを一意に特定するための識別子（URI、ISBNなど）
11	原情報資源 (Source)	リソースが由来するリソースへの参照（原文書など）
12	言語 (Language)	リソースを記述している言語
13	関係 (Relation)	他のリソースとの関連付け（別バージョン、別フォーマット、参照など）
14	時空間範囲 (Coverage)	リソースに関連する地理的場所又は時間的内容
15	権利管理 (Rights)	権利および利用条件に関する記述（著作権に関する情報など）

表5-2　文書の保存、分類に関わるインデックス情報の例（JIS Z 6017：2013）

	インデックス	内容
1	タイトル (Title)	文書名、バージョン
2	作成者 (Creator)	作成者、所属
3	キーワード (Subject)	検索キーワード
4	内容記述 (Description)	1) 要約、目次 2) 電子化文書の媒体（DVD-R、BD Recordable discなど） 3) 媒体の管理番号および保管場所 4) 媒体の品質検査結果
5	公開者 (Publisher)	電子化文書の電子保管庫への登録者
6	寄与者 (Contribution)	媒体移行責任者、媒体移行責任部署
7	日付 (Date)	電子保管庫への登録日時
8	記録形式 (Format)	文書のフォーマット、ページ数、総バイト数
9	資源識別子 (Identifier)	文書の識別子（文書番号など）
10	原情報資源 (Source)	原文書に関する情報（原文書のタイトル、作成者名
11	関係 (Relation)	媒体移行情報で、次による。 1) 旧媒体に関する情報（媒体、管理番号、保管場所など） 2) 旧媒体の品質検査結果 3) 媒体移行実施日 4) 旧媒体と新媒体とのデータ一致検証結果

表5-3 物理的なメディアの管理台帳の例（JIS Z 6017：2013）

番号	電子化文書名 （資料名）	作成者、 所属、日時	登録 日時	登録 責任者	ページ 数	登録番号 管理番号	媒体 保存場所
1	xx 文書						
2	yy 文書						
3	zz 文書						

> **参考** OAISモデル (ISO 14721:2012 Space data and information transfer systems − Open archival information system (OAIS) –Reference model)
>
> 　文書の流通および共有する際の文書のコンテンツとメタデータの取扱いのモデルにはOAIS (Open Archival Information System) があります。OAIS は元々、宇宙で使用する機器の開発の際に正しく文書をやりとりする目的で取扱いルールを定めています。文書を取り扱う単位を、文書の役割や形式などを示すメタデータと取り扱うコンテンツをまとめたパッケージとして使用します。
>
> 　発行者は、情報流通のプロバイダなど交換場所に提出する際に、提出するコンテンツに対して、提出用のメタデータを添付して、SIP（Submitted Information Package）として登録します。
>
> 　登録された情報流通プロバイダは、使用者が検索するまでの間、メタデータとコンテンツを維持するだけでなく、長期的に保存することを目的にAIP（Archival Information Package）に変換して保存します。

　使用者が情報流通プロバイダに対して、使用する要求をすると　情報流通プロバイダは、使用者が利用できる形式　DIP（Dismissal Information Package）に変換して展開します。

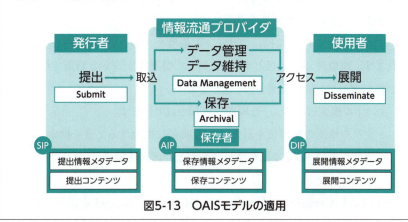

図5-13　OAISモデルの適用

（2）AI技術の応用

　ここでは、文書の内容を活用して、検索したり、要約したり、推奨情報を提示

したりする技術を説明します。

a) 全文検索、類似文書検索

全文検索は、文書のコンテンツから文字列に対するインデックスを生成して、コンテンツに含まれる文字列をキーにして検索する技術です。類似文書検索は、全文検索の技術を応用して、コンテンツ内にある文字列の頻度を元にコンテンツの類似性を評価したデータをもとに類似の文書を検索する技術です。

全文検索や類似文書検索は、多くの検索エンジンやライブラリ機能を持つ書庫システムに適用されています。

b) テキストマイニング

文書に含まれるコンテンツの文章を文法的に解析（形態素解析）し、文章の発生状況を整理する技術です。この技術を応用することにより、機械翻訳、文章要約、または文章推奨が実現されています。SNS (Social Network Service) などでは、この技術を応用してハッシュタグ（関係ある情報を示す文字列）の仕組みが提供されています。

c) ベクトル検索

ベクトル検索は、特にテキストや画像、音声のような非構造化データに対してよく用いられます。類似した文書の検索や、意味が似た文書を検索する場合に使用されます。文字列やデータを「ベクトル」という数値の集合に変換し、それを基に検索を行う方法です。

検索対象のデータ（例えば文章や画像）を機械学習モデル（例えば Word2Vec や BERT などの言語モデル、または画像に対する CNN など）を用いて「ベクトル」という数値のリストに変換します。ベクトル化することで、データの意味や特徴を数値で表現されるようになります。検索するときに、ユーザーが入力する検索キーも同様にベクトルに変換されます。検索キーに基づくベクトルと検索対象のデータのベクトルの類似度を計算します。

この類似度の計算には、コサイン類似度やユークリッド距離などの手法が使われます。類似度が高いほどクエリに対して関連性が高いと判断され、最も類似度が高いデータを検索結果として返します。

ベクトル検索は次のような場面で使用されています。

・文章や単語の類似度を計算し、意味的に関連する文書を検索

・画像を特徴ベクトルに変換し、類似した画像を検索

d) 生成AI

生成 AI (Generative Artificial Intelligence) は、AI を活用してテキスト、画像、音楽、音声、動画などを含むコンテンツを生成する機能です。

生成 AI は、質問内容（検索の問い合わせ文字列など）から要約や分類などを整理して、それに関係したデータを探し出します。さらにそこで得られたコンテン

文書の流通、共有、検索、公開　第5章

ツ群を要約して、新たに質問内容に対するコンテンツを生成します。

　この要約や分類の結果や精度は、生成 AI の中で学習されており、文書のデータを適用すればするほど、適格なコンテンツを生成できるようにされています。

　生成 AI は、次のような業務に適用されています。

・インターネットのショッピングサイトなどで、商品に対しての質問の自動応答
・新聞やインターネット情報ポータル、文書ライブラリでの内容要約
・定期継続の契約などでの契約判断(リスク分析に基づく)の自動応答

7 機密の分類とマーク

7.1 機密の分類

　組織間の取引や共有される文書の多くは機密情報に位置付けられます。しかしながら、その分類方法は国によっても、官民によっても、企業ごとにも異なり、マル秘マークの付け方も千差万別です。A社で機微と分類されるレベルの情報はB社では機密レベル 2 と言っているかもしれません。

　送付者が所属部門の分類に従ったマークを文書に付与しても、受領者がそのマークが意味するレベルを理解していなければ、文書の機密性運用ができません。

　機密区分はリファレンスとなる基準に従って分類するか、リファレンスとの違いを評価して読み替え、当事者間の整合を図る必要があります。

　リファレンスとなる基準として、ISO 4669-1 (JIS Z 6021 として JIS 化される予定) があります。

　表 5-4 は、ISO 4669-1 に従った機密性区分の例、表 5-5 は分類ごとの取扱い方針の例です。

表 5-4　機密性区分の例

JIS Z 6021 で示された例 (英国での事例をベースにしている)。
日本国内では、「非常に機微」、「機微」、「それら以外」の分類が使用されている例があります。

分類	リスク	マーク	機密性へのダメージ	文書の例
非常に機微	非常に高い	非常に機微	● 経営的に深刻なダメージがある。 ● 漏洩や誤謬による対応コストが大。 ● 組織や取引先の存続に影響をあたえる。 ● 個人情報保護法、不正競争防止法関連あり。	● 開示目的の無い戦略的な計画。 ● 開示・申告前の決算・税務申告など経営情報。 ● 安全管理基準。 ● 監査結果 (監査記録、是正記録)。 ● 与信情報。 ● 顧客情報で機微の扱いが必要な文書。

83

機微	高い	機微	● 組織経営および取引先への影響がある。 ● 漏洩や不正使用のリスクに対するコストが大。規制当局の監査などによる措置の可能性がある。 ● 個人情報保護法、不正競争防止法関連あり。	● 業務処理規程、品質管理基準。 ● 製品・商品など設計書類。 ● 知的財産権を含む書類。 ● 売上元帳やマーケット分析。 ● 顧客状況で機微の扱いが不要な文書。
限定	中	限定	● 漏洩や不正な利用がされた場合の測定可能。 ● 不正使用された場合の被害が限定的。 ● 最終的に開示される計画のある情報、または、法的に公開が義務付けられている場合であっても作成中など公開する前の状態。 ● 開示されるまでの間に漏洩すると文書作成等作業に悪影響が想定される文書。	● プロジェクト等管理文書。計画とリスク対応の状況。 ● 業務執行時の会議議事録。 ● 組織図など所属員を特定できる情報。 ● 作成作業中の公開 / 開示する資料原案。
無印	低い	内部	● 製品や商品などを販売することを目的としているため、開示・公開されることが前提である。	● リリースの原稿。 ● 発表前提の商品・製品方針。 ● 製品のマニュアル。 ● 開示前提の会議情報。
無印	なし	公開	● どのような相手にも危害を加えることはできない。	● マーケティング資料。 ● 広告 / パブリックステートメント。 ● ウェブサイト / 出版物。

表 5-5　分類ごとの取り扱い方針の例

分類ごとに文書の取扱い方針および方法を規定して運用します。

分類	リスク	マーク	共有・取り扱いルールの概要
非常に機微	非常に高い	非常に機微	版管理:情報の内容、分類、マーク、取扱いに加えられた全ての変更を文書化する。 共有者：制約された組織の限定された共有。共有はリスト化される。 使用原則：「機微」以下のクラスに分類されるような状態にされない限り、共有されない。持ち出し可能な媒体に保存されない。文書の一部を引用することはできない。文書が他の文書から参照される場合には、参照先の文書も「非常に機微」に分類して取り扱う。 マーク：全てのページまた表示単位に「非常に機微レベル」をマークする。 マーク：使用目的を示すための記述子（例：「〇〇期決算報告書」）をマークする 持ち出し：持ち出しを組織的に認可された場合に持ち出される。参照後、回収される。法定保存期間後、廃棄評価を経て廃棄する。 レベル変更：文書の取り扱いの分類レベルを「機微」、「限定」に変更する場合には、機密管理等組織による評価を経て変更される。

機微	高い	機微	版管理：情報の内容，分類，マーク，取扱いに加えられた全ての変更を文書化する。 共有者：制約された組織の限定された共有。共有は、リスト化される。 使用原則：他の文書に引用また合成する場合には、組織的な認可が必要である。また引用した場合には、引用したことをマークする。引用後の文書も機微と分類して取り扱う。引用また合成先の文書は、引用されていることをマークする。 マーク：全てのページまた表示単位で「機微レベル」とマークされている。 マーク：使用目的を示すために記述子（例：「αプロジェクト」）をマークする。 持ち出し：持ち出しを組織的に認可された場合に持ち出される。法定保存期間後、廃棄評価を経て廃棄する。 レベル変更：文書の取り扱いの分類レベルを「限定」に変更する場合には、機密管理等組織による評価を経て変更される。
限定	中	限定	版管理：情報の内容，分類，マーク，取扱いに加えられた全ての変更を文書化する。 共有者：同一の目的をもつ業務に関係することを許可された所属員に限定して共有。知る必要を確認した上で，定義された基準を満たしたグループ内での共有。 使用原則：社外のパートナーと共有する文書の場合は、すべてをこのレベル以上に割り付ける。共有情報を他の文書に引用また合成する場合には、組織的な認可が必要である。また引用した場合には、引用したことをマークする。引用後の文書も限定と分類して取り扱う。共有情報に基づいて生成されたことをマークする。 マーク：文書のヘッダーに制約された旨「限定レベル」を示すマークを表記する。 マーク：パートナーを含め、所属組織内で機密保持、権利保持に関わる契約を持つ。契約者間での使用目的を示すために記述子（例：「〇●契約に基づく■■会議資料」）をマークする。 持ち出し：共有する場合には、安全な物理的ストレージを使用する。共有ストレージを通して、持ち込みおよび持ち出しする。保存期間後、廃棄評価を経て廃棄する。 レベル変更：文書の取り扱いの分類レベルを「内部」に変更する場合には、機密管理等組織による評価を経て変更される。
内部	低い	無印	版管理：情報の内容に加えられた全ての変更を文書化する。 共有者：配送元組織で一般的に参照される。公開・開示を目的とされない無印の情報は全てこのレベルに分類され，扱われる。 使用原則：管理された場所でのみ使用する。持ち出しする場合には、機密管理等組織による評価を経て公開または開示認可を経る。 持ち出し：機密管理等組織による開示・公開の判定により公開にレベル変更を経て持ち出しされる。一般的に例示以外の分類不能文書もこの分類に割り当てる。開示・公開用ストレージとは異なる安全な物理的ストレージを使用する。
公開	なし	無印	使用原則：共有に制限はないが，共有を目的に生成された文書であるか否かは問われない。 持ち出し等：一般開示（公開）等する前の文書を控える。開示・公開期限終了後、廃棄評価を経て廃棄する。

7.2 マーク

　文書を取扱う場合、その文書がどのようなタイプの機密を持っているのか、どの範囲での利用が可能なのかということをマーク（表記）して流通させます。

　例えば、経営方針が含まれ他社に漏洩すると深刻な問題となる文書には、「極秘」とマークします。また、商品開発が決定しており、技術をまとめている文書には、「秘」とマークします。

　紙文書の運用では、発行組織の責任において文書の機密性や秘匿性を評価して、該当のマークを紙文書の表紙や各ページのヘッダーやフッターに表記または印刷したときには、地紋としてページの背景に記してきました。

　③流通または共有の文書情報マネジメントにも示しましたが、流通や共有の取扱いでは、取扱われる文書を機密性や重要性から分類、その分類を示すマークを文書に与え、参照や更新の際にマークに基づいて作業が実施されるようにコントロールしなければなりません。

　電子的な文書の流通や共有では、このマークも文書に張付けて、流通や共有がなされていきます。よって、従来のマーキングの方法では、流通や共有を効率よく進めることができません。

　一般的な文書の取扱いにおいては、利用者作業に負担の少ないマーキング作業の適用が推奨されます。

(1) 文書へのマークの張付け

　マークは、文書の取扱い分類を示すことで、利用者に文書の機密性や秘匿性などを意識づける目的で使用されます。特定のアプリケーションプログラムを使用すると暗号化やアクセス権の管理と組み合わせて動作させることができますが、ここでは、マークの表記的な与え方を中心に説明します。

a) 表紙を持たせることができる文書

　表紙を持たせることができる場合には、文書の表紙に分類を示すマークを画像形式やテキスト形式で張付けます。

b) ページ分けされた文書

　ページごとに独立して使用される文書です。ページごとに使用されるため、ページごとにヘッダーやフッター領域を生成して、その領域に分類を示すマークを画像形式やテキスト形式で張付けます。

c) マークの地紋

　印刷するレイアウトで出力された画像形式や PDF 形式の文書の地紋に、マークを示す画像形式を張付けて使用します。

d) 文書の内容記載面へのアノテーション

　文書の内容の表示面に表記する方法です。マークすることによって、文書の記

載内容が読めなくならないように表記します。

なお、文書の公開に際して、黒塗りして文書から機密性や秘匿性をもった内容を除去する場合には、文書の内容が取得できなくなるように表記しなければなりません。

(2) 文書を表すデータへの追加

XMLやHTMLで表記される文書のヘッダー領域に分類に使用するマークを挿入することで、該当のデータがどのように利用されるべきか示す方法です。この場合、ヘッダー情報を参照できるようにするか、その内容によって、文書の取扱い操作を変更して、文書の分類を利用者に提示する仕組みが必要になります。

8 アクセス制御

文書を一般的な組織間で利用していくために最も重要な安全性の確保方法は、使用者を認証して、その認証結果に基づいてアクセス方法を制限していくことです。

(1) 利用者のアクセス制御

アクセス制御とは、利用者が、ネットワーク、ストレージ、システムや文書のデータファイルなどIT資産にアクセスすることに制約を与えるようにすることです。アクセス制御をするには、利用者を認証します。そののち、その利用者が当該のIT資産にアクセスできる場合には、アクセスを認可します。このアクセスの制御によって、利用者が不適切なアクセスをしたり、改ざんをしたりすることを防ぐことができます。

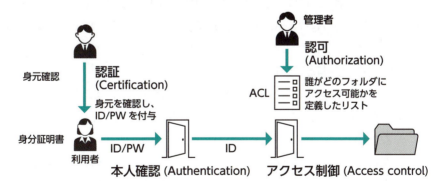

図5-14 アクセス制御のイメージ

a) 認証

利用者を認証したり、アクセス機器を認証したりします。認証するということは、確かにこの人であることや、この機器を使用してアクセスしていることを証明することです。

具体的には、「ログイン」して「アクセスID」と「パスワード」を入れ、認証する仕組みに保存されているアクセスIDとパスワードが一致したと認証されます。このような仕組みを複数使用して、認証の精度を上げる多要素認証の仕組みや、アクセス機器に含まれる機器IDとアクセス者のIDとパスワードを合わせて認証する仕組みなどが提供されています。

アクセスする対象の文書の機密性分類から不正アクセスに対する耐性を判断して、適用する方法を決定します。

b) 認可

認証による本人確認や機器実態の確認を経たのちに、特定の文書や機器などIT資産へのアクセスを認可します。

例えば、アクセス者の所属している組織が、経営情報にアクセスして業務を執行している場合には、経営情報へのアクセスを認可する必要があります。

また、リモート業務のために社外アクセスを認可するなどについても認可の仕組みを使用して対応します。

文書の作成・更新・削除の操作の認可や当該文書を配付、受領、流通および共有の認可などがあります。

c) 監査

認証や認可しただけでは、不適切なアクセスがあったのかどうかが判別できません。アクセスの状況を保管しただけでは、文書の不正アクセスを逃してしまいます。監査結果に基づき改善を繰り返すことで不正アクセスを減らすことができます。

認証や認可の操作記録（ログ）を収集し、アクセス許可または認可が与えられていない利用者IDによって、アクセスされていないことを監査します。不適切なアクセスがある場合には、当該利用者IDの排除であったり、当該文書のデータファイルを削除したりするなどの対応が必要になります。

(2) 文書の共有とアクセス管理

電子メールへの添付、チャット機能でのファイル共有、また共有ストレージクラウドを使用した共有アクセスなど文書を組織間で共有したり、交換したりすることは一般的になっています。

組織間で、チャット機能や共有ストレージクラウドでファイルを共有する機能を使用する場合には、組織外の利用者を登録し、アクセス権限を付与するようにします。

このような組織間での共有環境を運用して文書を共有すると次のようなリスクがあります。

①共有先が、指定した認証ID（メールアドレスなど使用する場合が一般的）が実在しないIDの場合、そのIDの共有権限を持たない者が使用して、共有した情報を不正に持ち出される。

共有環境へのアクセス権を登録する場合には、共同作業や取引の契約などに基

づいて、ID を登録するようにします。その際には、実在するドメインからのアクセスであることが証明できるようにしておくことや、アクセス機器を特定しておくことなどによって、不正なアクセス者からのアクセスを防止することができます。

　共有環境へログインする場合には、多要素認証（パスワードによるログイン時のアクセス認証などの他に、別機器からの時限キーの登録やメール送信の URL へのアクセスなど）を採用して、使用者本人の存在確認をするようにします。

②共有先組織で指定した認証IDの使用者が、組織からの退職などにより共有先組織から離れたことにより共有環境へのアクセス権を失ったものの認証IDを削除していなかったために、アクセス権を失ったはずの者がアクセスし、共有した情報を不正に持ち出される。

　共有する環境を提供する場合には、共有環境を管理する組織は、管理者を設定するようにしなければなりません。この管理者は、組織内外の利用者が実在する利用者なのか、継続的な利用権限を持つ利用者なのかを常に監視、監査して、共有環境を利用するようにしなければなりません。

③共有環境の管理者を指定していたが、組織からの退職などにより管理者が不在となり、共有環境のアクセス制御ができなくなる。

　共有環境の整理ができなくなったり、管理者以外のアクセスを禁じていた文書が使用できなくなったりします。このような場合には、使用している共有環境のサービス提供者と相談して、アクセス権限の管理ができる管理者を追加するなどの措置が必要になります。できる限り管理者の登録は複数とし、管理者としての操作についても相互監査するようにして、不適切なアクセスを抑制するようにしてください。

⑨ 文書の暗号化と信頼性確保

　文書が流通する過程で、文書が作成者、送付者の意志に関係なく改訂され、送付者、受領者でない第三者が、通信経路から抜き出して、無許可で使用するこがあります。

　この場合には、通信路で使用されるデータや文書のデータを送付者および受領者以外はわからないように暗号化して、流通過程にある文書の安全性を確保します。

9.1　暗号化運用の概念

(1) 暗号化とは

　暗号化とは、情報（平文）を鍵と鍵によって変換するプログラムを用いて、一般的には解読不能な形式（暗号文）に変換する手続きです。暗号文は、その暗

号文を復号できる鍵（復号鍵）を持つ者だけが元の平文に戻すことができます。

a）暗号化の種類

暗号化には主に以下の2つの種類があります。

・共通鍵暗号（対称暗号）

暗号化と復号に同じ鍵を使用する方式で処理が比較的高速です。暗号化する人と復号化する人の間で、同じ鍵を持つ必要があります。

AES（Advanced Encryption Standard）が代表的な暗号化アルゴリズム（方式名）です。

・公開鍵暗号（非対称暗号）

一対の鍵（公開鍵と秘密鍵）を使用する方式です。公開鍵を使用して、暗号化することができますが、復合するためには公開鍵に対応した秘密鍵が必要になります。公開鍵は、広く送付することができます。秘密鍵は、あらかじめ交換しておくことで、文書流通時に鍵交換はしないようにします。RSA（Rivest-Shamir-Adleman）が代表的な暗号化アルゴリズムです。

b）暗号化した文書の交換

暗号化した文書を公開鍵と秘密鍵を使った公開鍵暗号方式で、交換する例を次に説明します。

① 公開鍵と秘密鍵の生成

受信者が公開鍵と秘密鍵のペアを生成します。秘密鍵は受信者のみが保持し、公開鍵は送信者に渡します。

② 公開鍵の共有

受信者は公開鍵を送信者に送ります。この公開鍵は暗号化に使用されます。

③ 文書の暗号化

送信者は受信者から受け取った公開鍵を使って文書を暗号化します。

暗号化された文書は、公開鍵を持つ受信者だけが復号して参照できます。

④ 暗号化文書の送信

送信者は暗号化された文書を受信者に送ります。

⑤ 文書の復号

受信者は保持している秘密鍵を使って暗号化された文書を復号します。

9.2 暗号の使用

（1）通信や情報システムの保護

組織の中で使用している情報システムを外部の侵入から防ぐときは、組織の中で扱われる通信を暗号化して、外部からのアクセス者が内容を検知できなくなる仕組みに採用されています。

文書の流通、共有、検索、公開　第5章

(2) 電子メールの発信者のなりすまし防止

電子メールについては、なりすましが多く発生しているため、数多くのなりすましを防ぐ方法が適用されています。発信されるドメインと利用者の ID を、暗号化のキーに使用している（メールに対して、電子署名しているという言い方をする場合もあります。）DKIM（DomainKeys Identified Mail）の方法に適用されています。

(3) 発信された文書の保護

文書を発信するときに、暗号化します。受信者は、複合の鍵をもたなければ、文書を参照することができません。そのようにして、発信した文書を保護します。

(4) 持ち出し可能な媒体の保護

持出し可能なハードディスク、USB メモリ、CD、DVD、BD のディスクメディアの盗難にあったときの保護のために、内容を暗号化し、複号できる利用者のみが参照できるようにします。

10 署名と捺印

紙文書による運用が減少するにつれ、書類の信頼性を認証する方法として、使用されていた署名や捺印の方法も電子化した運用に変える必要があります。ここでは、紙文書での署名や捺印の意味、電子的な署名または捺印方法をどのように適用することができるか解説します。

10.1 署名とは、捺印とは

文書は、署名や捺印によって、その信頼性や真正性を確保してきました。

(1) 署名とは

署名とは、文書に自分の「名前を自筆」で書くことを指します。署名は、文書の作成者がその内容に同意し、「文書が真正に成立したこと」を示すために行われます。署名には、次のような特徴があります。

① 自筆

署名は本人が自分の手で書くことが求められます。これにより、文書の真正性が保証されます。

② 法的効力

署名がある文書は、その文書が真正に成立したものと推定されます。したがって、契約書などの法的文書において、署名は重要な役割を果たします。

③ 証拠能力

署名は、文書の作成者がその内容に同意したことを示す証拠として機能します。署名があることで、文書の有効性が高まります。

注記：署名と記名は異なります。署名は、ある文書に自署することで、その

文書の内容に署名したものが合意したことを示します。機械的（プレプリント的）に表記する場合、他人が記入した場合は「記名」となります。

(2) 捺印（なついん）とは

文書に「署名したことを証明するために印鑑を押す」ことを指します。捺印は「署名捺印」の略称で、直筆の署名と共に印鑑を押す場合に使われます。

捺印には次のような特徴があります。

① 署名と共に行う

捺印は、本人が自筆で署名した後に印鑑を押すことを意味します。

これにより、署名の真正性が確保され、署名だけの場合よりも強化されます。

② 証拠能力が高い

署名と捺印が揃っていることで、文書が本人の意思に基づいて作成されたことを証明する力が強くなります。

注記：捺印と押印は異なります。押印（おういん）は、署名がない場合や記名（印刷された名前など）に印鑑を押すことを指します。

注記：「ハンコレス」という言葉で、本人確認の必要が無いか、文書作成者の署名に代わる情報があるという場合に、押印作業をなくすことが実施されてきました。一方で、確認作業が漏れる、署名や捺印に代わる手段がなく、確認されずに流通している文書が増加しています。元々、申請や申込するときに使用される紙の伝票類に記載されている、「記名」／「署名」、「押印」／「捺印」の意味について検討して、文書の安全性を再確認することが望まれます。

10.2　署名や捺印の電子化

(1) 署名または記名する行為

a) 署名行為

署名という行為や「署名」の表記がどのような意味を持つのかを次に示します。

① 本人確認

署名という行為は、文書の内容を認めると自署することです。つまり、署名者が、文書の内容を作成、または、理解して確認したことを表記しています。

② 捺印で補足

捺印は、署名者の行為を印によって、補足する意味で使用されます。公的な認証を伴う印を使用することで、署名の根拠を強化する意味になります。

③ 契約など意志表示

例えば、署名は、文書に示される契約内容に同意したことを示す意思表示の手段になります。これにより署名者は、文書の内容に責任を持ちます。

b) 記名行為

① 名前を表記する

記名は、書類に氏名を記載する行為です。手書きでなくても、印刷やゴム印、スタンプ、他人による代筆でも行われます。

② 厳格な意志確認が必要のない行為確認

記名は、署名ほど本人確認能力は、ありません。記名だけで証拠能力が不足するとして、押印する行為と組み合わせる方法がとられてきました。記名や押印だけでの証拠能力は低いことから、二つの証拠能力を組み合わせて、本人確認や意志表示の確認の証拠性を高めています。

昨今の見直しから記名だけまたは、署名、押印のどちらかで確認が実施されていますが、荷物の受取確認や取引の申し込み（契約書を兼ねない）など、記名と押印の両方で確認する場合が増えています。

(2) 署名および捺印の電子化

文書が電子化されるに伴い、その文書内容が本人の意志に基づくものと記すために、使用される署名も電子化しなければなりません。

電子化するためには、署名は本人の意志に基づく行為ですので、自署されたことが証明できなければいけません。記名は、名前が記されることが必要です。

以下では、名前を記入する行為を区別するために、一般的に名前を書くこと（手書き、タイプ含みます）をサイン、記名の要求にサインすることを記名、本人の意識に基づく記名を署名と記述します。

a) サインの表記や印影を電子化する方法

手書きのサインや印影を画像データにして、文書に張付けます。この場合、記名または署名者以外が容易に複製、偽造が可能です。この場合は、証拠性など有効性を確認することができません。

したがって、「記名」の用途には使用できますが、「署名」の用途には使用できません。

b) サインの画像と筆跡情報を同時に登録する方法

サインするときに、タブレットPCや電子ペンを使用して、サインの画像データを生成します。このとき、タブレットPCや電子ペンの持つ筆跡記録採取機能を使用して、筆跡情報を同時に文書に張付けます。本人確認が必要になった場合には、筆跡鑑定することが可能になる方法です。この方法は、保険の契約や、自動車の売買で、使用されている事例があります。

このような場合は、手書きで紙に対して署名していた時と同じように筆跡鑑定して、本人が署名したことを推定されることになり、署名または署名を補う本人確認方法として扱うことが可能です。

c) サインや印影を第三者機関に登録する方法

手書きのサインや印影を画像データにして、その画像データを第三者機関に登録します。署名または捺印の際に、文書に張付けた画像データが、第三者機関に登録された画像と一致することを確認します。その結果、一致すれば本人の確認ができるということになります。金融機関の届出印の確認の方法は、この方法によって、実施されています。

この方法は、サインや印影が一致することで、本人であることが推定されるため、署名または、署名を補う本人確認方法として扱うことが可能です。

d) 署名認証局による電子証明書を使用する方法

ここでは、電子署名法に基づいた運用によって、本人認証を経た電子署名について示します。電子的な署名行為の認証を得るために次のような確認および証明書を取得します。

電子署名の認証局に、電子署名の取得を申請します。認証局は、電子証明書を発行する前に、申請者が本人であることを確認します。この確認には、身分証明書を使用した認証手続きが含まれます。

電子署名では、公開鍵暗号を使用して、署名した行為について、他者から参照や更新されないように保護します。認証局は、申請者のために公開鍵と秘密鍵のペアを生成します。公開鍵は電子証明書に含まれ、秘密鍵は申請者が保持します。

本人確認が完了した後、認証局は電子証明書を発行します。この証明書には、署名者の公開鍵や認証局の署名が含まれているため、署名者の身元が確認され、電子署名の信頼性が保証されます。

認証局は、発行された電子証明書の有効性を管理し、必要に応じて失効させます。例えば、秘密鍵が漏洩した場合や証明書の有効期限が切れた場合には、証明書を失効リストに登録します。

認証局は、発行された電子証明書や失効した証明書の情報を発行記録（データベース）に保管し、必要に応じて開示します。これにより、第三者が証明書の有効性を確認できるようになります。

電子署名法に基づき、認証局より発行された電子証明書を署名データとして使用することで、本人の署名行為が確認できます。

企業間の契約書や取引文書に電子署名の使用が拡大されています。特定認証業務の認証を受けた認証局による電子署名は、法的に有効です。

11 タイムスタンプ

タイムスタンプ（時刻認証）は、電子文書が特定の時刻に存在していたことを証明します。

タイムスタンプは次のような手順で取得します。

・存在することを証明したい文書を特定するハッシュ値（ランダムな文字列）を生成します。

・そのハッシュ値を時刻認証局（TSA: Time Stamping Authority）に送信します。TSAは、受け取ったハッシュ値と時刻情報を組み合わせて、存在を示すタイムス

タンプを生成します。

・生成されたタイムスタンプと文書を合わせて保存します。タイムスタンプから参照できるハッシュ値と文書から生成するハッシュ値を比較することで、タイムスタンプが示す時刻に文書が存在したことを示すことができます。

　知的財産権を示す必要のある図面、発明関連文書、取引の発生日を特定することが必要な取引関係書類などに多く使用されています。

第6章

文書の保存、廃棄

保存運用の段階に移行した文書は、文書情報マネジメントの要請事項を考慮して、保存期間を設定し、保存媒体やストレージの特性に応じて管理します。保存運用には、文書を蓄積するだけではなく、適時、廃棄することも含まれます。

1 保存期間の管理

保存運用に移行した文書は、2章1.3の文書情報マネジメントの原則を考慮して、保存期間を設定し、管理します。以下に、保存期間管理の基本パターンを示します。保存運用では、文書を蓄積するだけではなく、適時、廃棄することも必要です。

(1) 保存期間の基本パターン

保存期間には、幾つかの基本パターンがあります。保存対象の文書に対して、どのパターンを適用するべきかを考える必要があります。

① 登録日からの「保存期間」を指定する

保存システムに登録した後、「保存期間」が指定された期間経過した時点が、「保存期間満了日」となります。この間は、改ざん防止を行います。

保存期間の例としては、日数、月数、年数などがあります。例えば、2024年7月1日に登録し、保存期間1年を指定した場合は、保存期間満了日は、2025年6月30日となります。

② 「保存期間起算日」と「保存期間」を使用する

図6-1に示すように、文書情報システムの保存部に登録した後から、保存は始まります。「保存期間起算日」から、「保存期間」を経過した時点が、「保存期間満了日」となります。保存している間は、改ざん防止を行います。

保存期間起算日の類型としては、次のようなものがあります。

- 「指定日(期末、期初、年度末、年度初)」
- 「イベント日(退職日、契約終了日、製品保守終了日」

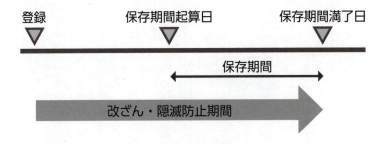

図6-1　保存期間の基本パターン

一般的には、①登録日からの「保存期間」を思い浮かべますが、実務では、②の「保存期間起算日」を利用することが多くあります。

(2) 保存期間の決定時に考慮すべき事項

保存期間の下限値(何年以上)を決める要素としては、次の項目があります。

- 法令などからの要請

・実務での参照要請

保管期間の下限値に対し、どれだけ保存期間を加算するかを検討します。考慮事項としては次のような項目があります。

・訴訟対策としての証拠保持
・顧客満足度向上
・自社のナレッジの蓄積、活用

保存期間を長くすると保存コストが増え情報漏えいリスクも高まりますので、経営方針と整合を取ることが必要です。

(3) 保存期間の管理単位

文書の保存期間を管理する場合は、その管理単位を明確にしておく必要があります。4節では、保存の単位を説明しています。たとえば、電子文書の場合は、どのフォルダ単位で管理するのか、場合によっては、電子ファイルの単位で管理することもあります。

2 改ざん防止、隠滅防止

保存運用に移行した文書は、2章1.4 文書に求められる特性である真正性、完全性を維持する必要があります。そのため、基本的には、改ざん防止、隠滅防止の措置を取る必要があります。

(1) 紙文書の場合

原本である紙文書、あるいはそれを綴じている個別フォルダ、バインダーなど（4節にて説明）を閲覧者が、直接アクセスできる場合は、改ざん（すり替えを含む）、隠滅のリスクが高まります。厳密に改ざん、隠滅リスクを避けるためには、保存什器の施錠レベルではなく、閲覧者が保存文書に直接アクセスする方法を避ける必要があります。例えば、閲覧者からの依頼を保存管理者が受けて、写しを渡すなどです。

(2) 電子文書の場合

ファイルサーバを例にとると、フォルダへのアクセス権限として、一般には読出し権限、変更権限が利用されています。読出し権限で、ファイルを変更、削除することはできませんが、変更権限では当然としてファイル内容の変更、ファイルの削除が可能となります。したがって、閲覧者に決して変更権限を付与することは許されません。

また、保存運用への移行を手動で行う場合は、操作ミス、悪意によるファイルの変更、削除を行ってしまうことに備えて、登録はできるが、変更、削除ができない権限を用意します。あるいは、変更、削除をしてもその操作履歴と元ファイルを残す仕掛けを用意することが推奨されます。

3 移行（マイグレーション）後の記録品質の確認の重要性

　現在保存している媒体、システムから、新たな媒体、システムに文書を移し替えて保存することを移行（マイグレーション）と呼びます。

(1) 移行の目的

　移行は次のような目的で実施します。

- ・文書を保存している媒体の劣化、システムの老朽化対策
- ・保存にかかる費用を低減する
- ・新たなサービスを利用する

(2) 移行後のマイクロフィルム、光ディスクの記録品質の確認の重要性

　媒体の劣化やシステムの老朽化は突発的に起こるものでなく、徐々に進行するものであり、放置すると最終的には記録している内容を読み取ることができなくなります。例えば、紙から電子媒体に文書を移行して、元の紙文書をスペースセービングなどの理由により廃棄する場合、電子媒体劣化が進むと、もう二度とその文書を読むことができなくなってしまいます。このような事態を避けるために、移行後は、媒体の推奨保存環境やシステムの動作環境を遵守することが必要です。マイクロフィルム、光ディスクについては、媒体の記録品質の検査手段があるため、媒体の記録品質の抜き取りの検査を定期的に行い、記録品質の悪化を事前に検出して対処する方法も取れます。マイクロフィルムについては JIS Z 6009、光ディスクについては JIS Z 6017 で規定されています。

(3) システムのデータ喪失対策

　マイクロフィルムや光ディスクだけ、経年でデータが読み取れなくなるのではなく、磁気テープやシステムも同様のことが起きるため、データの喪失防止対策は必要です。定期検査だけではなく、媒体の冗長度を高める、媒体の移行頻度を早めるなどの手段などいろいろあります。自社にあった手段を検討することが必要です。

(4) 移行計画

　媒体や IT システムの状態を想定し、当初の移行計画を立案します。その後、媒体や IT システムの実状況に応じ、移行計画を修正します。この移行計画は、使用している媒体の種別、IT システム、保存環境などに応じ、費用を含め、計画的に準備することが必要です。保存している文書は組織の重要な情報資産ですので、この計画は経営者にも十分な説明が必要です。

4 保存の単位と保存庫

4.1 保存の単位

保存の対象が、紙文書と電子文書の違いにより、「ファイル」という用語の意味が異なっていますので、留意が必要です。

(1) 紙文書の場合

あるテーマでまとめた複数の文書一式を「ファイル」と呼びます。これを通常は保存の単位としています。このファイルには、個々の文書（証憑、帳票なども含む）を複数含みます。

このファイルを図6-2のように、個々に個別フォルダに格納するケース、複数のファイルを一つの簿冊（バインダー）に綴じ込むケースなどがあります。

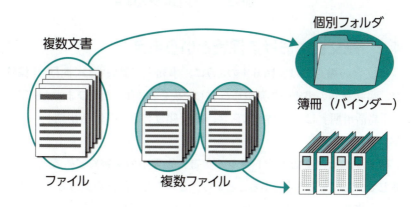

個別フォルダは、図6-5に示すように、物理的なものです。
図6-2 紙文書の管理体系

(2) 電子文書の場合

個々の文書は「ファイル」と呼ばれています。オフィス文書の場合は、代表的なものに、ワードプロセッサ、プレゼンテーション、スプレッドシートがあります。

複数のファイルをまとめる単位として、「フォルダ」が存在します。これを通常は保存の最小単位としています。

フォルダは図6-3のように、階層構造を取ることができます。

なお紙文書で文書一件一件に意味がある場合、文書ごとが保存の管理単位となることがあります。電子文書の場合も同様に、1ファイル1ファイルに意味がある場合は、ファイルが保存の管理単位となることがあります。

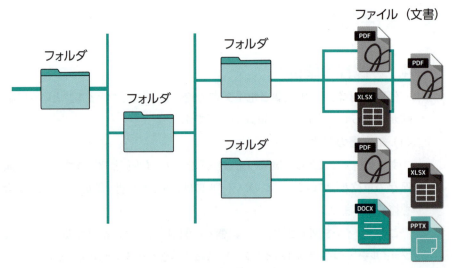

図6-3　電子文書の管理体系

4.2　紙文書における保管という考え方

　紙文書の場合には、図6-4のように、事務室に置いておく間は、「保管」と呼び、事務室外の書庫や外部倉庫に移した後を「保存」と呼びます。使用頻度の高い「高活用期」は、事務所に置き、使用頻度の低い「低活用期」は、書庫・外部倉庫に置きます。
　事務室には、文書共有レベルの文書、処理中の文書など組織として残すと判断していない文書も多くあることから、これらとの混同を避けることが必要です。また、事務室内での文書の取扱いは、比較的改ざん、隠滅のリスクが高くなることにも留意が必要です。

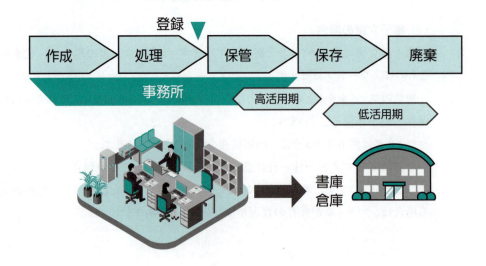

図6-4　紙文書の保管と保存

4.3　紙文書の保存用具と什器、保存庫

　紙文書の保存に使用する代表的な容器、器具を図 6-5 に、それらを収納する什器を図 6-6 に示します。紙文書の保存用什器、保存庫は、文書情報システムにおける電子文書の保存庫に相当します。

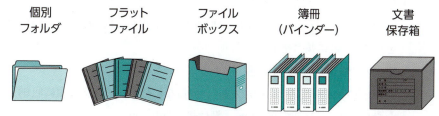

図6-5　紙文書の保存用　容器

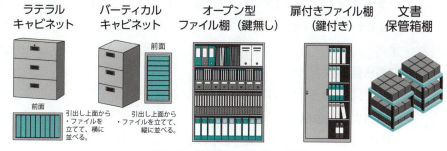

図6-6　紙文書の保存用　什器

(1) 紙文書の保存に使用する容器

・個別フォルダ

　1枚の厚紙を二つ折りにした紙ばさみで、文書を入れておくためのファイル用具です。フォルダ単位で管理することで、簿冊に比べて、細かな保存期間管理ができ、破棄がしやすい特徴があります。原則として綴じ具は付けません。

・フラットファイル

　ファイル単位で管理する場合、個別フォルダでは文書が入りきらない、簿冊では大き過ぎるなどの理由で、その中間的な容器として使用します。

・ファイルボックス

　複数の個別フォルダを立てて収納できます。側面に、分類名、フォイル名を記入することができます。

・簿冊（バインダー）

　文書に穴明けなどを行って、複数のファイルを一冊の簿冊（バインダー）に綴じます。ファイル毎に保存期間が異なる場合は、破棄がしづらい傾向にあります。

・文書保存箱

　アクセス頻度の少ない文書の保存に向いています。個別フォルダや簿冊を収納します。

(2) 紙文書保存容器を収納する什器

・ラテラルキャビネット

個別フォルダ、フラットファイル、簿冊などを引出しに収納します。これらの容器を立てて、横に並べます。

・バーティカルキャビネット

個別フォルダ、フラットファイル、簿冊などを引出しに収納します。これらの容器を立てて、縦に並べます。

・オープン型ファイル棚（鍵無し）

フラットファイル、ファイルボックス、簿冊などをオープン型の棚に収納します。ただし、オープン型であるため、鍵は掛けられません。

・扉付きファイルキャビネット（鍵付き）

フラットファイル、ファイルボックス、簿冊などを扉付きの棚に収納します。施錠できるタイプが多いです。施錠できるので、文書保管箱を収納することもあります。

・文書保管箱棚

書庫、外部倉庫などで、書類保管箱を棚に収納します。

・防盗耐火書類金庫

一般事務所内で、防盗と耐火性を求める場合に利用可能です。

ただし、耐火性はJIS規格に基づいた耐火試験で、耐火時間（1時間、2時間、3時間）で表示されています。また、盗難対策として施錠だけでなく、ハンマー、ガスバーナーへの耐力も段階があります。

・鍵管理システム

従業員証や、遠隔地からの操作で鍵ボックスを開錠し、指定の鍵のみを取り出せるシステムです。

(3) 書庫（書類室）

・一般書庫

紙文書が多量にある場合に、出入り口を入退出管理した上で、紙文書保存用什器を多数設置した保管庫です。

・消火設備、セキュリティ強化した書庫

重要書類が大量にある場合は、防犯耐火金庫ではなく、消火設備が整い、耐火性のある書類室を準備します。セキュリティ強化のための入退室管理システムなど自組織のセキュリティ方針に沿った対策を講じます。

(4) 外部倉庫

自社で、消火設備、セキュリティ強化した書類室を準備するには、初期投資も高く、運用費もある程度必要となります。消火設備、セキュリティ強化した保管庫として、外部倉庫会社を利用することも可能です。

(5) 保存ロケーション管理

　紙文書の場合は、参照しやすいように、それが所在する物理的な位置を特定できるように管理する必要があります。例えば、保存されている紙文書について、次のような情報をファイル管理簿に記入することで、検索・取出しが容易になります。

　参照時間を早めるためには、検索、取り出しが容易なロケーションにファイルを収納する必要があります。

- ・建屋の識別
- ・部屋、書庫の識別
- ・什器の識別（什器番号）
- ・棚の識別（棚番号）
- ・文書保存箱の識別（保存箱番号）
- ・簿冊の識別（簿冊番号）

(6) 戻し忘れ、戻し場所間違いの防止

　簿冊、個別フォルダを書庫から取り出した場合は、正しいロケーションに戻さないと見つからなくなり、紛失に繋がります。また、取り出した簿冊、個別フォルダの戻し忘れも紛失に繋がります。

　したがって、貸出簿を作成し、返却の有無、返却ロケーションが正しいことの確認が必要です。戻し忘れ、戻し場所間違いの防止の観点からは利用者自ら書庫に入るのではなく、書庫管理の担当者を設け、その者だけが、入室する運用が望まれます。

4.4　レポジトリ

　電子文書は、図6-7に示すように文書情報システムの様々な保存領域で保存されます。個々のシステムの保存領域をレポジトリといいます。これは保存庫に相当します。

図6-7　各種システムのレポジトリ

第**6**章　文書の保存、廃棄

保存場所は、システム（レポジトリ）を指定して、その中のディレクトリーツリーで指定します。

例えば、REPO1／A1／・・・・・／X1／

電子文書ファイルは、通常、最下層のフォルダ下に配置します。

4.5　可搬型電子媒体の保存庫

可搬型電子媒体の代表的なものとして、LTO カートリッジなどの磁気テープとCD/DVD/BD などの光ディスクがあります。形状が異なるため、保存する什器も異なります。

検索、取り出しが容易となるように、また電子媒体を一意に特定できるよう、媒体ごとに、媒体番号を付与し、媒体管理簿を作成し、そのロケーションを記入することが必要です。

a)LTOカートリッジなどの磁気テープ

・テープ用データキャビネット

LTOカーリッジを効率的に収納できるテープ用データキャビネットが利用されることが多いです。LTOカートリッジに保存するデータは重要度が高いので、施錠できることが必要です。

・外部保存倉庫

必要な温湿度管理が自社内でできない場合は、外部保存倉庫を利用します。

b)　CD/DVD/BDなどの光ディスク

・データファイルキャビネット

光ディスクを縦に並べられるデータファイルキャビネットが適しています。

重要なデータを保存していることが多いので施錠できることが必要です。

c)　防盗耐火金庫

通常の書類用では、火災の際に内部温度が上昇し、メディアに損傷を与えるため、データメディア用の耐火金庫を選択することが必要です。また、耐火金庫内においても、所定の温度、湿度を保つ必要があります。

4.6　レポジトリのフォルダ構造

レポジトリは、文書情報システムの一部で、保存する電子文書は、一般的には、指定されたディレクトリーツリーの最下位のフォルダの下に保存されます。文書を読み出す際には、指定されたディレクトリーツリーの最下位のフォルダの下から読出すことになります。

情報ガバナンスの観点からは、フォルダ階層の考え方を組織として統一するこ

とが推奨されます。また、フォルダ構造の決定には多面的な考え方が必要であり、登録の容易性と検索性、組織変更への対応容易性ついては、特段の考慮が必要です。

4.7　レポジトリのフォルダ名、ファイル名

　レポジトリに登録するフォルダ名、ファイル名については、組織として継続利用するために、少なくとも命名規則あるいはガイドラインとしておくことが推奨されます。

　紙文書の考え方をそのまま持ち込むのではなく、レポジトリの特性を考慮することが必要です。特に、以下の3点は重要な留意事項です。

・フォルダ名は、フォルダ階層/ディレクトリーツリーで考える
・フォルダ名/ファイル名は簡潔に
・レポジトリの検索機能を前提に、検索、収集、参照しやすいフォルダ名、ファイル名とする

(1) フォルダ名は、フォルダ階層/ディレクトリーツリーで考える

　レポジトリのフォルダ階層の特性としては、指定のフォルダの下の1階層しか見えないということがあります。その点では、簿冊の背表紙に比べると一覧性は限られています。紙文書の背表紙のように、各フォルダ名に、「分類」、「部署名」、「登録年月」、「保存期間」まで、追加記入していたのでは、フォルダ登録の手間が大変になるので、これらについては、フォルダの階層の情報を利用することが一般的です。

　すなわち、紙文書の場合の背表紙にあたるものをディレクトリーの階層と考えますが、一覧性に欠けますので、フォルダ階層一覧表を作成しておくと便利です。

(2) フォルダ名/ファイル名は簡潔に

　フォルダ名、ファイル名を簡潔にすること、さらには、フォルダ階層を深くしてはいけない理由には、画面の操作性以外に、OSに関する制限として、ファイル名やパスに長さ制限がある場合もあり考慮が必要です。フォルダの階層を深くするとパス内でフォルダ名情報に多くの文字数を使ってしまいます。

　このためフォルダ階層の数を制限する、あるいはフォルダ名、ファイル名を簡潔にしておくなどの必要があります。

　ただし簡潔にするのはよいのですが、単に簡潔にしても意味が伝わらなくなることもあるので注意が必要です。フォルダ階層一覧表などを整備し、慣れない人でも利用できるようにしておくとよいでしょう。

(3) レポジトリの検索機能を前提に

　多くのレポジトリでは、ファイル名、フォルダ名検索の機能を持っています。また、メタデータ検索機能がある場合もあります。

ファイルの検索や、条件を満たすファイルを収集する場合に、どのように検索機能を利用するかも考慮して、フォルダ名、ファイル名を付けることが推奨されます。

5 保存媒体、保存庫の取り扱い

5.1 保存媒体と保存環境、製品寿命

保存媒体には、紙、マイクロフィルム、電子媒体があります。保存環境（温度、湿度など）により、それらの寿命は、大きく変わることから、文書の保存には、それぞれの媒体にあった保存環境の維持が必須です。必要な保存環境を維持しない場合は、物理的に外形が留まっているだけで、その中に保存されている文書を利用することはできず、実質的には、文書を保存していることにはなりません。

文書を保存しているとするためには、その媒体の読出し装置や読出しソフトなどが提供されていることも必要です。

(1) 紙

紙の寿命は、使用する紙の素材と、使用するインクの両方により、影響を大きく受けます。1850年代以降、使用されてきた酸性紙は、製造から50年程度で、ぼろぼろになります。

酸性紙では、インクのにじみ防止剤の定着剤として硫酸アルミニウムを使用していましたが、硫酸アルミニウムは空気中の水分と反応して硫酸を生じ、この硫酸が紙の繊維であるセルロースを分解します。これが、紙を劣化させていました。

この対策として、中性紙が開発・改良され、現在では、再生紙を含め、ビジネス用途では、中性紙が使用されています。書類を保存する際に用いる段ボールも一般には酸性の紙であるため、ここでも、発生する酸の影響を避けるために、中性紙の保存箱を用いることが推奨されます。

洋紙100年、和紙1000年の寿命とも言われますが、紙の劣化要因は、温度、湿度だけでなく、カビ・虫食い、ちり・埃、光、粗雑な扱いなどあります。紙の保存には、物理的スペースが必要なだけでなく、これらの劣化対策にもコストがかかります。

オーストラリア国立公文書館「連邦政府記録の物理的保管に関する標準」では、保存期間が30年を超える紙媒体の保管環境を温度18〜22℃、相対湿度は45〜55%としています。

(2) マイクロフィルム

マイクロフィルムの保存は、JIS Z 6009に温湿度環境が定められています。詳細については、JIIMA発行の「デジタル時代のマイクロフィルム入門」と「マイク

ロフィルム保存の手引」を参照してください。

　推奨される保存環境を維持できない場合、劣化が進行する可能性があります。TAC ベースのマイクロフィルムでは、劣化が進むと加水分解により、酢酸が放出され、酢酸臭がするようになります。このような状態を「ビネガーシンドローム」と呼びます。また PET ベースのマイクロフィルムでもフィルム同士の貼り付きなどが起こります。

　マイクロフィルムの保存と並行して、撮影内容を確認するためにマイクロフィルムリーダを設置するか、計画的に電子化することも検討します。

(3) 光ディスク

　光ディスクは可搬型の電子媒体です。記録媒体と読み書きを行うドライブが別になっています。したがって、媒体だけを保存していても保存された文書は、利用できませんので、必ず、ドライブも備えておく必要があります。

　現在、販売されている光ディスクには大きく分けて CD（Compact Disc）、DVD（Digital Versa-tile Disc/Digita Video Disc）、BD（Blu-ray Disc）の種類があります。それぞれに読出し専用のもの、1回だけ書き込みのできるもの、書き換えができるものなど様々なタイプがあります。用途としては、データ保存と、データ配付・データ交換に大別できます。データ配付・データ交換用途は、安価であることが求められることから、保存品質については重要視されていません。極端な場合は、データ書込み後から急速に、劣化が進み、1年後には、読出しができないこともあります。

　保存用途については、2015年 JIIMA でアーカイブ用光ディスク認証制度を設立し、JIS Z 6017:2013 を基準に、認証製品の公表を始めています。認証媒体、認定ドライブをセットで利用することが推奨されます。現在、DVD-R と BD-R が、認証されています。

表6-1　JIS Z 6017：2013 光ディスクの保存環境

保存条件	長期保存環境	オフィス環境
温度　℃	10 〜 25	5 〜 30
湿度　%	40 〜 60	15 〜 80

　JIIMA 認証している媒体、ドライブをセットで使用する場合の保存環境は、JIS Z 6017:2013 に準拠（表 6-1）していれば、表 6-1 の長期保存環境でも、30年以上の期待寿命があります。

　この長期保存環境の温度・湿度は、一般事務室の空調設備では実現が困難であり、特殊な空調設備が必要となります。一般事務室の空調設備の能力としては、厚生労働省の事務所の環境基準（温度 17℃〜 28℃、湿度 40%〜 70%）が、参

考になります。

　JIIMA が認証している媒体、ドライブのセットの中には、この環境下でも、30 年以上の期待寿命を持つものがあります。

(4) 磁気テープ

　最新の情報では、開発／生産が続いている磁気テープは、LTO（Linear Tape-Open）と IBM 3592 ファミリー向けのみとなっています。

　これまで、DDS/DAT、DLT、AIT/SAIT、QIC などの磁気テープも利用されてきましたが、これらは生産を終了して 10 年以上を経過しています。これら旧タイプの磁気テープで文書を保存している場合は、読出し装置の入手も困難になっており、電子媒体変換業者などへの早急な相談が推奨されます。

　LTO の 2025 年時点での最新規格は、LTO9 です。保存環境については、JIS Z 6019「磁気テープによるデジタル情報の長期保存方法」では、温度 16 〜 25℃ で、湿度は 20％〜 50％であり、一般事務室環境空調では対応できず、特殊な空調設備が必要なことがわかります。使用環境については、LTO9 は、従来の LTO より、厳しくなっており、データセンターなどで新たな対策が必要なことがわかります。

　また、LTO のドライブは高密度化への対応のため、過去の世代の磁気テープの読出しに制限があります。LTO9、LTO8 では 1 世代前の LTO までしか読み取れません。

　JEITA（一般社団法人電子情報技術産業協会）によれば、LTO9 テープメディアは 50 年以上磁気的に安定していますが、システムの保証期間、OS およびソフトウェアの互換性などを考慮すると、安全かつ安心して、一つのテープフォーマットにデータを保管する目安は 10 年と考えられ、10 年以上の長期保存をする場合は、JIS Z 6019 を参照し、データを適切に移行（マイグレーション）することを推奨するとしています。

(5) ハードディスクドライブ (HDD)

　HDD は、いろいろな形態で利用されています。例えば、持運びできるポータブル、PC 外付け、PC 内蔵、NAS 内蔵、サーバー内蔵、エンタープライズ用ディスクシステム内蔵、クラウド用ディスクシステム内蔵などです。HDD は、機械的部品を持つことから衝撃に弱く、駆動部からの自己発熱もあります。内蔵用では、冷却が不十分だと故障するという特性がありますので、製品寿命の前に、故障に至ってしまいます。

　HDD は構造が複雑なため、製品が偶発故障期に留まる期間は、一般的には、エンタープライズ用 HDD が 5 年間、デスクトップ PC 用 HDD が 3 年間とされています。この期間を過ぎると故障率が急激に高くなり、寿命期となります。

　HDD の場合は、データ喪失を防ぐために、偶発故障期間には、なんらかの冗

長化対策を行い、その期間を過ぎ寿命期に突入した後は、ドライブ交換によるデータ移行などが必要となります。

(6) フラッシュメモリ（USBメモリ、SDカード、SSD）

SSD は、様々な形態で利用されています。ポータブル、PC 外付け、PC 内蔵、NAS 内蔵、エンタープライズディスクシステム内蔵、クラウドディスクシステム内蔵などです。

USB メモリ、SD カード、SSD は、機械的な部品を持たないため、衝撃につよく、信頼性も高い性質を持ちます。しかしながら、フラッシュメモリはその特性上、書き換え回数の限界があります。

フラッシュメモリは電源を供給しなくてもデータを保持する性質があります。その期間は 3 か月から 3 年程度とも言われていますが、USB メモリ、SD カード、SSD ともに、電源供給なしのオフラインでの保存目的で開発、生産されているものではなく、このような利用は推奨されません。

5.2　電子媒体の長期保存運用

(1) 光ディスク

光ディスクを長期保存するには、JIIMA 認証のドライブ、媒体を使用した上で、JIS Z 6017：2013 電子化文書の長期保存方法に、準拠した次のような運用が推奨されます。

① 媒体作成：媒体にデータを書き込みます。

② 初期品質検査：検査用ドライブを使って、書き込んだ媒体のエラーレートを測定し、基準値以下の場合は、別媒体に書き直します。

③ 定期品質検査：定期的に保存している媒体のエラーレートを検査機で抜取検査し、基準を満たさない場合は、新媒体にコピーします。

なお、媒体作成時に、副媒体を作成し、これを別地で保存することが推奨されています。

(2) 磁気テープ

磁気テープを長期保存するには、JIS Z 6019 磁気テープによるデジタル情報の長期保存方法に準拠した運用が推奨されます。この JIS では、データの重要度、許容データ取出し時間に応じて、いくつかのレベルが選択できるようになっています。以下に特徴的な事項を紹介します。

・正副媒体の作成が必須となっています。高レベルでは、予備媒体作成も選べます。

・データ生成サイトでの保存が基本ですが、高レベルでは、別拠点での保存も選べます。

・データ書き込み後のデータチェック方法として、ファイルサイズ、ハッシュ値、デー

第6章　文書の保存、廃棄

タコンペアを選べます。

・媒体管理番号、保存場所、作業記録などに関する管理台帳も規定しています。

5.3　データ保護

　媒体／装置に保存した情報は、様々な原因により失われるリスクがあります。想定できる原因もありますが、想定外の原因もあります。例えば、スマホを水没させてしまうとスマホ内にしか情報が保存されていなかった場合は、その情報は失われてしまいます。

　これを避けるための方策としての「データ保護の基本の考え方」は以下の通りです。

①バックアップを取る

②元情報とバックアップの定期的な品質チェックをする

　マイクロフィルムのJIS Z 6009:1994、光ディスクのJIS Z 6017:2013では、情報を保存している媒体の品質のチェックを定期的に行うことを推奨しています。これは、他の媒体／装置についても共通して有効です

③複数のバックアップを持つ

④バックアップの保存場所を分散する

⑤バックアップの保存場所は、地震、水害などの自然災害を同時に受けない程度に離れている

⑥バックアップの媒体/装置は、種類の異なるものを複数利用する

⑦元の情報とバックアップの情報の同期を掛ける時間は短くする

(1) 3-2-1 バックアップルール

　バックアップの運用には、様々な選択肢があり、保存する情報の重要度などによって、どのような運用方法を取るかは変わってきます。こういった中においても、3-2-1バックアップルールがオーソドックスな方法として知られています。

　3-2-1バックアップルールは米国土安全保障省のサイバーセキュリティ・インフラストラクチャー・セキュリティ庁（CISA）が運営するセキュリティ組織であるUS-CERT（United States Computer Emergency Readiness Team）が2012年に、バックアップをする際に守るべきルールとして提示しました。この前にも、米国メディア写真家協会が、同様の考え方を3-2-1ルールとして提案しています。

　このルールは、重要なファイルのバックアップは三つのコピー、つまり、元の情報と2つのコピーを持ち、異なるタイプの障害から守るために、媒体種別の異なる2つ媒体を使い、1つのコピーを別地（元情報のあるサイトとは別の場所）に保存します。地震、津波、洪水などの災害が多い日本においては、別地は、これらの影響を回避できる遠隔地と考える必要があります。

(2) バックアップソフトとリストア

　バックアップソフトでバックアップエラーを検出しても業務の続行を優先することが一般的なので、バックアップエラーがあっても業務は停止しません。そのため、バックアップエラーを見過ごすとバックアップが取れないまま、運用が進んでしまうため、バックアップエラーの監視が必要です。

　また、仮想環境を含めて、複雑なシステムのバックアップについては、必ずリストアテストを行う必要があり、これを怠るとリストアに失敗することがあります。バックアップを取ることよりも、リストアの方が難しいという認識が必要です。

　また、ランサムウェアについては、バックアップしたファイルにも感染するので、ランサムウェア対策として、バックアップ媒体／装置はオフラインにできることが推奨されます。

5.4　移行/変換

　文書は毎年発生することから、保存期間に関わらず、データの移行、システムの移行については対応を考えておく必要があります。

　紙、マイクロフィルムで保存した場合は、文書は人間の眼で直接認識できますが、電子文書の場合は、人間の眼で直接認識できる形式では、保存媒体／装置には保存されていません。電子文書の場合は、媒体／装置に保存した文書のデータを長期に保存しておくだけでなく、保存された電子的な情報を人間の眼で、再現性高く読める環境を維持する必要があります。

　保存のフォーマットを変えずに、ハードウェア、ソフトウェア、システムなどを新しいものに変え、移すことを「移行」と呼び、保存フォーマットを変更するものを「変換」と呼びます。

　一方、紙文書、マイクロフィルムで保存している場合でも、スペースコスト、温湿度環境維持コスト、検索スピードなどの観点から電子文書に変換し、電子的な保存システム内で運用する必要がある場合があります。

(1) 電子文書の移行

　電子機器、装置の製品保守期限が通常5〜7年であることから、一般的には、5年前後で、ハードウェアの移行が必要となります。また、OSについてもバージョンアップと保守期限があるため、10年程度を目途に移行が必要となります。

a) 同一アプリケーションでの移行

　新システムでは、旧システムと同一のアプリケーションを使用し、旧システム内のデータを新システム内へ単純にコピーします。

b) 別アプリケーションへの移行

　新システムでは、旧システムとは別のアプリケーションを使用します。その為、

単純なコピーではなく、新アプリケーションに適応した形に旧システム内のデータを新システム内に再構築します。保存庫では、できるだけ避けたい移行方法ですが、このようなシーンの発生を予想して、コンテンツとメタデータのシステム外への取り出し方法を準備しておく必要があります。

c) 長寿命の可搬型電子媒体を使用する

　保存領域として、長寿命の可搬型電子媒体と可搬型ファイルシステムを用いることで、電子機器、装置、OSの影響を長期間直接受けないようにします。媒体保存期間が不足する場合には、新たな媒体もしくは同一種類の媒体にコピーします。

・可搬型電子媒体：コンピュータシステムから容易に取り外し、また、取り付けができる電子媒体で、持運びができる。

・可搬型ファイルシステム：個々のコンピュータシステムに依存しないファイルシステムであり、可搬型電子媒体と組み合わせることで、コンピュータシステムのOS、OSバージョンに依らず、コンピュータシステムと接続できる。

　そのような例としては、次の2つがあります。

・光ディスク　UDF（Universal Disk Format）
・磁気テープ　LTFS（Linear Tape File System）

　なお、長寿命の可搬型電子媒体を利用している場合でも、読出し装置の提供状態を定期的に確認しておき、提供が停止される情報を得た場合には、他の方法に移行する検討が必要になります。

(2) クラウドサービスの利用

　クラウドサービスでは、サービス利用者に移行を意識させない方法も広まってきています。

　なお、クラウドサービスを利用しても、サービス提供の終了やコストパフォーマンス、性能の相対的な低下のリスクがありますので、保有する文書、メタデータを移行のために取り出せるようにしておきます。

(3) メタデータ、ファイル管理簿の移行

　文書を保存しているファイルだけではなく、そのメタデータの移行も必要なことに、特段の注意が必要です。特に、高度な検索機能などをシステム的に保有している場合、新システムでは持ち合わせていない、またはデータ保有形式の変換が必要な場合も多く確認が必要です。

(4) 変換

　長期保存する電子文書に対しては、長期間利用が可能と推定されるフォーマットを使用すべきですが、10年を超える保存期間が必要な場合には配慮が必要です。取込み時に使用した電子文書のフォーマットの読取りソフトが、OSなどの環境が変わり、保存年数が経過することで入手不可能あるいは費用面で入手困難になることがあります。このような時は、保存されている電子文書のフォーマットを

その時点で利用可能なフォーマットに書き直します。

PKI タイムスタンプの有効期限を延長する必要がある場合も同様です。

5.5　外部保存倉庫の利用

紙文書、マイクロフィルム、可搬型電子媒体の保存を引き受ける外部保存倉庫があります。

外部保存倉庫の選定については、コストだけでなく、各媒体の保存・運用・運搬など自社に必要な事項を確認することが、重要です。

・保存環境（温度、湿度）

・火災対策、災害対策

・媒体引き取り、配送時のセキュリティ

外部保存倉庫の利用については、「JIIMA文書情報マネジメントセンター　サービス・ガイドライン」(2013.10.1) を参考にしてください。

外部倉庫は次のような課題解決に有効な手段です。

・保存するスペースが不足している。

・必要な環境（温度、湿度）、セキュリティを備えた設備の準備ができない。

・事務所とは別に災害に備えた保存庫が欲しい。

6 破棄と廃棄

一般的に廃棄とは、物を物理的に棄てることを指しますが、紙文書、電子文書においては、廃棄の前あるいは同時に、その情報を使えないように破棄することも必要です。そして、廃棄に際しては、共通事項として、次の対応が必要です。

・保存期間満了日を越え、廃棄する文書は一覧を作成し、管理責任者の承認を受けた後、廃棄する。

・廃棄する文書の機密漏洩には十分配慮する。

・廃棄時は個人情報保護などに十分注意して行う。

なお、紙、電子媒体。電子機器を廃棄する場合は、「リサイクル法」、「廃棄物処理法」や、各自治体の関連条例に沿って行う必要があります。

紙文書、電子文書それぞれについての固有の留意事項については、以下に説明します。

6.1　紙文書の廃棄

(1) 廃棄方法

各組織の情報セキュリティ規則に沿っての廃棄が必要になります。

基本的には、専門業者に溶解処理を依頼し、廃棄証明書の発行を受けることが推奨されます。重要度の低いものについては、シュレッダー処理としても構いませんが、復元を困難とするため、少なくともクロスカット（縦方向と横方向の両方から裁断する）方式以上が推奨されます。

(2) 誤廃棄の防止

廃棄対象の簿冊、個別フォルダを誤る、または、その中に、廃棄対象外の文書が混じっていたなどの誤廃棄事件が後を絶たない状況です。最低限、二人以上でチェックするなどの対策が必要です。

6.2　マイクロフィルムの廃棄

マイクロフィルムには銀が含まれていることに留意し、市町村条例などに従って適切に廃棄することが必要です。廃棄処理業者に委託する場合は、粉砕、焼却、溶解などの処理方法を選択した上で、廃棄証明書の発行を受けることが望ましいです。

6.3　電子文書の廃棄

(1) 論理的に削除してもデータは残る

電子文書は、電子保存庫、電子媒体から論理的に削除し、ゴミ箱を空にしただけではインデックス情報などが消去されただけで、データそのものは媒体上には残されたままであり、ファイル復元ツールなどにより容易に復活させることができてしまうことに留意します。

(2) レンタル機器を使用した場合

レンタル機器を戻す場合は、HDD/SSD のすべてのユーザ利用領域に対して、データを復旧できないように、専用のソフトウェアを用いて、意味のないデータ（すべて 0 ないし 1、ランダムデータなど）を上書きすることが必要です。

a) HDDの場合

従来は、何度も上書きする必要があるとされていましたが、HDD の高密度化に伴い一度の上書きで効果ありとされていますので、メーカーに確認することが推奨されます。

b) SSDの場合

SSD 用のデータ消去用コマンドで、インデックス情報も含めて消去することが必要です。

(3) 自社資産機器を廃棄する場合

レンタル機器と同様に、HDD/SSD のすべてのユーザ利用領域に対して、データを復旧できないように、専用のソフトウェアを使用して、意味のないデータを上

書きするなどが必要です。

　その後は、HDDについては、磁気破壊機、物理破壊装置で、破壊した後に廃棄処理を行います。SSDについては、物理破壊装置で、破壊した後に廃棄処理を行います。SSDはメモリチップを破壊する必要があり、HDDとは別の物理破壊装置が必要です。

　専門業社に破壊を依頼した場合は、廃棄証明書の発行を受けることが推奨されます。

(4) バックアップデータは残っている

　電子文書を電子保存庫から削除してもバックアップ運用している場合は、元のデータは、バックアップデータ内に残っています。バックアップデータの中から当該データを抽出し、選択的に削除することは困難です。したがってバックアップデータからの復旧時、廃棄済の電子文書については再削除する、または廃棄済の文書の復旧を受付けないなどの運用が必要です。

(5) 可搬型電子媒体の物理的破壊

　電子媒体（光ディスク、磁気テープ）の廃棄にあたって、必ず、物理的破壊まで実施します。専用の破壊装置を使用するか、専門業社に依頼し、破壊証明書の発行を受けることが推奨されます。

第7章

文書取扱いの自動化

　紙文書では、回付や処理などの作業をすべて手作業で行ってきましたが、電子文書に置き換えることで、これらを自動化することが可能になります。文書のフローや取扱いルールを設定し、それに基づいて自動化システムを導入することにより、作業の効率や精度が向上するだけでなく、個人に依存していた確認作業を組織的な判断に置換えることができます。

1 文書取扱いの自動化において検討すべきポイント

　紙文書では、回付や処理などの作業はすべて手作業で行います。しかし、紙文書を電子文書に変換または置き換えることで、これらの作業の自動化を促進することができます。

　これらの作業を自動化する際には、回付・回覧、転記・転載、確認のためのルールを設定し、それに基づいて自動化システムを導入します。これにより、各作業の効率や精度が向上するだけでなく、従来は個人に依存していた確認作業を組織的な判断としていくことができます。

　文書取扱いの自動化において、自動化対象として検討すべきポイントは、大きく3つに分類できます。

① 文書情報システム内の運用

　・文書を回付、回覧する際の配付作業

　・受領した文書からデータをキャプチャして、転記、転載する作業

　・文書の内容を関連情報と突き合わせし、正当性や安全性を確認する作業

② 文書情報システム内の個別サブシステム間の連動

③ 業務システムとの連動

　これまで、②と③のシステム間連動については、以下の対応が主流でした。

　・手作業によるデータ加工や登録・更新操作

　・連動用プログラムの個別開発

　近年では RPA や iPaaS（Integration Platform as a Service）の利用により、作業工数や開発期間を短縮するケースが増えています。

2 ワークフロー・システム

　ワークフロー・システムとは、あらかじめ定めた業務の処理フローに従い、電子文書を申請者から処理者へ電子的に回付し、承認や決裁を行うシステムです。

　業務を紙文書から電子文書に切り替えた際、電子メールや SNS を使って回付すると、手順が煩雑になりミスが発生しやすくなります。ワークフロー・システムは生産性の向上だけでなく、これらの課題を解決する手段としても有効です。

2.1　ワークフロー・システムの類別

　ワークフロー・システムは、大きく二つに分類されます。一つは、電子文書その

ものを回付、承認する「電子文書承認タイプ」、もう一つはワークフロー・システム画面上に紙の申請書と同じ書式で表示し、申請者が、画面上の項目に入力して、申請・承認処理を行う「申請画面承認タイプ」です。また、「申請画面承認タイプ」には、「専用用途特化型」、「汎用型」、「グループウェア付属型」があります。

多様な業務への対応という点では、「申請画面承認タイプ（汎用型）」が向いていますが、処理内容が定型化している用途では、わざわざ申請画面などの作り込みをしなくとも使える「申請画面承認タイプ（専用用途特化型）」を利用した方が、導入・運用コストを抑えられる可能性が高いと言えます。組織全体のコストパフォーマンス面からは、一つのタイプではなく、複数のタイプをうまく活用することが有利になる可能性があります。

(1) 電子文書承認タイプ

日常的に利用している電子文書のファイルを承認の対象とします。「起案」→「審査」→「承認」が主な処理の流れとなります。最終承認後、通常は記録保存庫（レポジトリ）に格納されます。ワークフロー機能を備えた文書管理ソフトやクラウドストレージなどを使い、システム化します。図7-1に、電子文書承認タイプのワークフロー・システムイメージを示します。

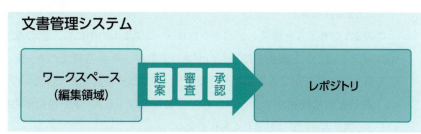

図7-1　電子文書承認タイプ　ワークフロー・システムイメージ

(2) 申請画面承認タイプ

紙文書での申請書、決裁文書などを電子的な画面として表示し、この画面内に必要な入力を行い、承認・決裁を行います。ほとんどの製品・サービスでは、電子ファイルを添付できます。図7-2に、申請画面承認タイプのワークフロー・システムイメージを示します。

図7-2　申請画面承認タイプ　ワークフロー・システムイメージ

(3) 申請画面承認タイプ（専用用途特化型）

勤怠管理、経費精算、交通費精算、給与計算、労務管理などの用途に特化したワークフロー・システムです。申請画面を含め、個々の用途に応じた作り込みがされています。すぐ使える反面、他の用途への転用は困難です。

(4) 申請画面承認タイプ（汎用型）

申請画面作成機能、フロー制御機能などが充実しており、汎用的に利用できるワークフロー・システムです。

(5) 申請画面承認タイプ（グループウェア付属型）

グループウェアの付属機能としての汎用型のワークフロー・システムです。通常、申請画面作成機能、フロー制御機能は限定的ですが、グループウェア機能との連動が容易などの特長があります。

2.2　フロー制御の重要点

(1) キーマンの承認は外さない

紙文書の承認回付では、承認ルートは決めていてもその時の状況判断で変更することがあります。

このような考え方を踏襲し、ワークフロー・システムの中にも、次の承認者を自由に設定変更できる機能を持つものがありますが、業務処理上のキーとなる承認者を外さない設定ができることが必要です。このような設定ができないシステムでは、有効な内部統制ができないため、文書情報マネジメントで使用するワークフロー・システムとしては好ましくありません。

(2) 不在、長期休暇対応機能があること

紙文書を回付した場合は、処理者が不在や長期休暇の場合は、書類受けに溜まった文書を見て、誰かが対応したり、紙文書を持ち回りした者が、別の回付先に持って行くなどして、個別に対応していることもありました。

しかしながら、ワークフロー・システムの場合は、このようなケースでの対応方法を定めて、設定しておかないと、長時間滞留することになります。このような場合、よく利用する機能としては、以下のようなものがあります。

・代理承認者設定、代行承認者設定

・不在時間・期間設定

・引き戻し処理

代理承認、代行承認については、正式には、業務規定で定めておくべきものであり、紙文書であれ電子文書のワークフローであれ同じです。しかし、紙文書の場合、規程で定めずに、都度運用でカバーしていることも多く、ワークフローの運用に際し、初めて検討することも多くあります。特に、代理者、代行者に権

限があるか、与えるかは、重要なポイントとなります。

2.3　大規模組織での利用時の留意点

(1) フロー制御は、個人名ではなく、部門、役職名などで記述する

　フロー制御に個人名を割り当てると組織改編・職務改正の際には、フロー制御の変更が大量に発生します。部門、役職名など組織で定められた役割を使ってワークフロー制御の設定を行うことで、このような変更作業の発生を抑止できます。

(2) 申請画面作成管理者、フロー制御管理者の設定

　大規模組織では、作成するワークフローの数も多くなります。システム管理者が、申請管理画面の作成、フロールートの作成を兼務することには、無理があります。システム管理者とは別に、申請画面作成管理者、フロールート管理者を設定できることで、多数のワークフローを分割して作成、メンテナンスすることができるようになります。

2.4　記録の保存における留意点

(1) ファイル管理簿の自動作成

　申請画面承認型ワークフロー・システムでは、一般的に、作成したワークフローの種別毎に、申請順に案件一覧表を表示できます。この一覧表への表示項目としては、申請画面上の記載項目を選ぶことができるので、ファイル管理簿として必要な項目を指定しておくことで、自動的に登録時のファイル管理簿を作成することができます。

　手作業で管理簿をつけるのに比べ、自動で手間なく作成できること、案件の記載漏れ、ダブりがないことなど大きなメリットがあります。

(2) 最終結果の記録管理庫への登録

　申請画面承認型ワークフロー・システムでは、最終承認、決裁完了した最終結果は、ワークフロー・システム内の DB に格納された状態となります。ワークフロー・システムは、機能改善／機能追加のペースが速いため、他社製品へのリプレイスの可能性も高い製品です。

　他社製品へのリプレイスとなった場合、新システムへの移行期間が済み次第、旧システムは廃止となります。このため、ワークフローの最終結果はレポジトリなど、外部に登録しておくといった処置が必要です。運用中から都度、登録する仕組みを設けることで、システムリプレイスをスムーズに行うこともできます。

2.5　業務処理の自動化推進における留意点

申請画面承認型のワークフロー・システムでは、一般的には、図7-3のように、外部システムを参照して、マスタデータとして利用することや、承認・決裁結果をCSVデータとして出力し、外部システムに連動することが可能です。

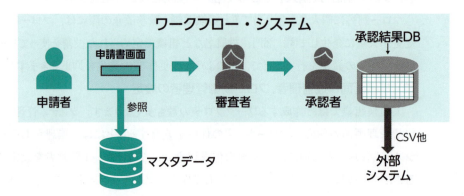

図7-3　ワークフロー・システムの外部との連携の基本

業務処理の自動化を推進する観点から、ワークフロー・システムを単に申請書や決裁文書の承認処理を自動化するツールとしてだけでなく、図7-4に示すように社内システムと連携できるハブとして捉えることが重要です。

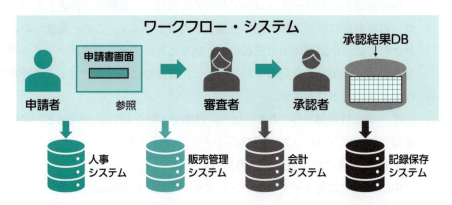

図7-4　ワークフロー・システムを使った社内システムとの連携

外部連携の方法には、「ファイル連携方式」、「API連携方式」、「アドオン開発方式」などがあります。実際に外部連携する場合は、その利用用途により、どの方式が向いているかが変わってきます。

3 操作・処理の自動化ツール RPA

文書情報マネジメントにおける操作、処理の自動化については、それぞれのニーズ毎にユーザープログラムを組むことで実現できますが、ユーザープログラムの開発は、

費用が高く、開発期間が長くなることから、RPA（Robotic Process Automation）の利用が増えています。

RPA は、通常、人間がパソコンで行うシステム操作やデータ入力作業を、PC またはサーバに組み込まれたプログラムによってロボットが自動実行する技術です。

パソコン上の操作・ルールをシナリオとして記憶することで、ノンプログラミングで作業手順を設定できることが特徴です。

RPA は、ロボットという名前がつくものの人間の代わりになんでもやってくれる魔法のツールではありません。RPA 登場後しばらくは、RPA の導入を目的化し、却って職場の効率を下げている例も散見されました。他の自動化ツールと同じく、長所・短所の見極め、導入成功事例の確認が重要です。以下には、そのヒントとなる事項を幾つか説明します。

(1) RPAができること

電子ファイル / フォルダ、システム上のデータ、電子メールなどを入力元として、「ファイル / フォルダ作成・移動・削除」、「検索・参照」、「転記・登録」、「照合」、「集計・集約」、「抽出・仕訳」、「抽出・仕訳」などの操作を人間に代わって行うことができます。

(2) RPAができないこと

複雑な判断を必要とする作業を行うことはできません。また、人間の操作を模倣するため、その速度は人間並みであり、高速処理には不向きです。

(3) RPAに向いていること

同じ処理を何件も繰り返し行う操作、あるいは、ミスが許されない操作に向いています。

(4) シナリオ作りの難易度

ノンプログラミングで、人の操作を記録し、シナリオの基にすることは可能です。

しかし、確実に動作するシナリオを作成するには、ある程度のプログラミングスキルが求められます。使用する RPA ツールによって、シナリオ作成の難易度は大きく異なります。中には、専門家でないと使いこなせないツールも存在します。

(5) RPAツールの種類

RPA ツールには、パソコンにインストールする「デスクトップ型」とサーバにインストールする「サーバ型」があります。それぞれ、クラウドサービスタイプも販売されています。

「デスクトップ型」は、技術難易度が低めで、導入がしやすく、各職場で、ニーズに応じた対応ができる反面、「野良ロボット」という管理できていない状況が作られやすくなります。

運用上は、各自の PC の中にインストールするのではなく、ロボット用に専用 PC を割り当てることが推奨されます。

「サーバ型」は、技術難易度が高めで、導入のハードルが高いので、情報システム部門の参画が必要です。利用規模が小さい場合は、コストが割高になってしまいます。情報システム部の管理下にあることで、「野良ロボット」の発生は抑止できます。

(6) RPA運用に関する留意点

a) RPA停止、誤動作への対応

RPAの操作対象の業務システムの画面や帳票の表示の仕方については、アプリ、OSのバージョンアップなどに伴い事前通告なく変更される可能性があります。

このような場合、RPAは、停止または誤動作する可能性があります。業務が長期間停止できない場合には、即座に原因を究明し、修正できる体制を整えることが重要です。最悪のケースに備え、人手でも運用できるよう整備しておく必要があります。

b) 複数部門でのデスクトップ版RPAの共用

RPAのライセンス費は、決して安くないことから、複数部門で、タイムシェアリングしてロボットを共用したいというニーズが出ることがあります。一般的に、部門ごとにアクセスできる情報の範囲は限定されています。そのため、シナリオ開発者が他部署の権限のない情報にアクセスしたり、他部署のシナリオを見て機微な業務処理を知ってしまう可能性があります。したがって、RPAをインストールしたPCの共用には十分な注意が必要です。

4 OCR/AI-OCR

紙文書のままでは、文書情報システムに取り込めないので、スキャナーやカメラ撮影などによりイメージデータに変換し、電子化文書とします。しかしながら、電子化文書は、イメージデータであり、そのままでは、文書情報システムに取り込んだ後で、文書内容を眼で見て入力する必要があり、自動化には繋がりません。そこで、活用するのがOCR（Optical Character Recognition：光学式文字読取り）技術です。

OCR技術を使うことで、イメージデータ（ビットマップ）から文字部分を抽出し、個々の文字を認識し、テキスト情報（デジタル）としてコンピュータで利用できるようになります。テキスト情報とすることで、文書情報システム内での自動化処理に繋げることができます。

OCRを利用する上で、運用上一番留意すべき点は、イメージデータ→テキスト情報変換に伴い、どうしても、誤変換が発生する可能性があるということです。

OCRは多くの場面での適用が可能ですが、常に、この点をどう対策するか、あるいは、許容していくかを判断して行くことが大切です。

4.1　OCRの利用用途

代表的な利用用途としては、以下の3つがあります。
・紙帳票からの指定データ抽出
・紙文書から全文テキスト抽出
・紙帳票、紙文書の識別

(1) 紙帳票からの指定データの抽出

「帳票OCR」、「伝票OCR」とも呼ばれています。帳票のイメージデータから指定データを抽出することで、後続処理に連動させ自動化したり、検索キーの入力値とします。

a) 定型帳票タイプ

図7-5のように、事前に、帳票の識別方法と指定データに関連した"読取位置"、"項目"、"項目の文字種"など決めて設定しておくタイプです。帳票のフォーマットを指定できる業務に適しています。

事前に、必要なパラメータを決定してあるので、帳票種別の判別後は、効率的に処理を行え、処理速度は速くなります。

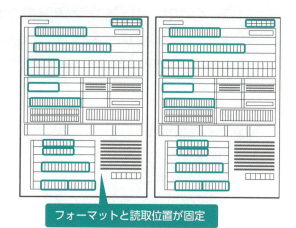

図7-5　定型帳票

b) 準定型帳票タイプ

図7-6のように必要な項目の記載は帳票内にあるものの事前に読取位置や項目、項目の文字種などと帳票の識別の方法を設定しないタイプです。取引先ごとに帳票のフォーマットが異なるケース（準定型）に対応します。

AIを適用することで、読取位置や項目を自動抽出できます。どのような帳票にも対応でき

図7-6　準定型帳票

るものではなく、あらかじめ帳票の種類（領収書、請求書、給与明細書など）別にチューニングした設定を選択して処理します。帳票レイアウトの認識などに処理時間を要することを織り込んで使用することが必要です。

(2) 紙文書から全文テキスト抽出

「文書 OCR」、「全文 OCR」とも呼ばれています。文書のイメージの情報を全てテキスト化します。

テキスト化したデータを文書イメージと一緒に PDF 内に取り込むことで、対象の文書を全文検索エンジンの対象とし、指定した文字列を含む文書を検索することができます。

(3) 帳票、文書の識別

帳票、文書の識別を行います。識別情報を使って、ファイル名に組み入れる、または、そのファイルの属性情報に使用します。帳票 OCR では、帳票の種別を判定して、OCR 読取りのテンプレートを選択するのに使用します。

4.2　OCRにおける文字認識のプロセス

OCR での文字認識のプロセスは、次の5つで構成されています。いずれも重要なプロセスであり、最後の「文字認識」プロセスだけではないことに、留意が必要です。

① 画像取り込み

② レイアウト解析

③ 行の切り出し

④ 文字の切り出し

⑤ 文字の認識 (特徴抽出、マッピング)

4.3　OCR製品の分類

(1) ソフトタイプ

ソフトタイプは画像の取り込みに、汎用のイメージスキャナー・複合機・スマホカメラを使用します。文字認識は、PC などの通常のコンピュータ上のアプリケーションソフトとして動作します。

(2) デバイスタイプ

画像を取り込むための「専用イメージスキャナー」あるいは文字認識のための「専用の認識ハードウェア」のいずれかまたは両方を持ちます。ソフトタイプより割高になることもありますが、大量一括処理、高速処理の実現、多様な紙の仕様への対応、または、特定の定型帳票の処理など専門処理に向きます。

4.4 OCRの対象文字と認識精度の傾向

(1) OCRの対象文字

OCRの対象文字には、手書き文字と活字があります。

活字は、フォント種により、形状が一定であることから、フォント種ごとに調整が可能で、認識精度を高めることができます。100種類以上のフォントの活字を混在で読み取れるオムニフォント読取り機能をもつOCRが増えています。

手書き文字は、活字に比べ、くずし文字、クセ字などあるため、認識精度は、活字に比べ格段に低くなります。

(2) AI技術による認識精度の向上

従来のOCR技術に機械学習などのAI技術を組み合わせたAI-OCRにより、手書き文字やレイアウトの複雑な文書でも高精度に認識できるようになってきています。

4.5 OCRの認識率が悪くなるケース

手書き文字以外にも、取り込んだ画像の品質によってもOCRの認識率が悪くなるケースがあります。これらの中には、画像処理技術やAI-OCR技術を適用することで、認識率が向上するものもあります。

(1) 紙の状態、文字の色、画像歪による影響を受けるケース

① 文字がターゲットエリアからはみ出している

② 文字が罫線にかかっている

③ 背景が白ではない、または、地紋がある

④ 項目内に点線や注意線がある

⑤ 文字の上に印鑑がある

⑥ 紙にしわや折れ目、カーボン紙の汚れがある

⑦ FAX送信により印刷品質が劣化している

(2) スキャニングの状態、設定により影響を受けるケース

① 文書の傾き

② 画像解像度（dpi）設定

③ 階調設定

④ 照明環境

画像解像度を高くする、階調を上げることで、入力したイメージデータの再現性はよくなりますが、OCRの読取精度は、逆に下がってしまうことがあります。

例えば、白い修正液で修正している場合、RGB各256階調では、図7-7のようにその跡がよくわかりますが、ノイズとなるため、OCRの読取精度が下がることがあります。一方RGBの階調を下げると、図7-8のように修正跡がわからなく

なりますが、修正跡の影響を受けづらく、OCRの読取精度は上がります。

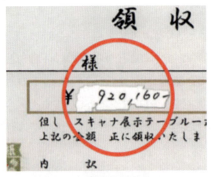
図7-7 RGB各256階調で入力

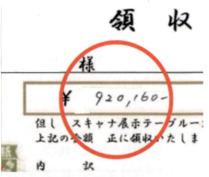
図7-8 RGB各256階調より下げて入力

4.6 OCRの誤認識への対応

OCRの認識率は年々向上していますが、100%の精度となることはないため、OCR製品を導入する際は誤認識を前提とした運用設計が必要です。導入時には、効率的な運用が可能かどうかを確認することが重要です。

最近のOCR製品では、認識結果の確認や修正の手間を減らすために様々な工夫が施されています。

（1）認識結果のスコア表示

OCRの正答率がスコアとして表示されるため、利用者はチェック対象をスコアで判断できます。

（2）複数エンジンによる修正候補の自動抽出

複数のエンジンを使用し、結果が一致しないものを修正候補として抽出します。

（3）修正における入力補助

修正候補の自動表示やマウスのクリック操作による修正など、利用者の入力をサポートします。

4.7 アプリケーションから作成したPDF

紙文書をスキャニングして作成したPDF（画像PDF）と、オフィス文書のアプリケーションで作成したPDF（文書PDF）があります。文書PDFはテキスト情報を含むのでOCRによる文字認識は必要なく、必要な項目がある場所を特定しそのテキストを抽出することができます。（3章 7 7.1 (3) b 参照）

4.8 バーコード、QRコード

（1）バーコード、QRコードとは

特定の規則に従った暗（バー，黒モジュール）および明（スペース，白モジュール）の配列によって情報を表した幾何学パターンであり，横方向だけに明暗を配列した縞模様のパターンを一次元コード（バーコード）といい，横方向にも縦方向にも明暗を配列したパターンを二次元コード（QRコード）といいます。

図7-9に、バーコードの例、図7-10に、QRコードの例を示します。

図7-9　バーコードの例

図7-10　QRコードの例

(2) バーコード、QRコードの特徴

バーコードに、チェックデジットを設けることで、読取り品質が悪い時に、読取りエラーは発生するものの、誤認識という最悪の状態を避けることができます。

QRコードは、バーコードと同じ情報量であれば、10分の1程度の大きさで表示できます。また、「誤り訂正機能」をもっているので、コードの一部に汚れや破損があってもデータの復元が可能です。

(3) バーコード、QRコードの用途

a) 帳票OCRでの帳票の識別

複数種の帳票を読取り、それぞれの帳票の種類に応じて利用するレイアウト識別の調整パラメータを変更させたい場合、帳票種別の判定を確実にするために、各帳票にバーコード、QRコードを付して印刷しておくことで、帳票の識別を確実にすることができます。

b) ファイル名の設定、属性設定

大量件数の紙文書を電子化して文書情報システムに登録する場合、既にあるファイルリストか、あるいは別システムに登録してある文書名、属性を利用することで、図7-11のように、その文書名と属性をテキストとQRコードでセパレータ（仕切りシート）に印刷し、各

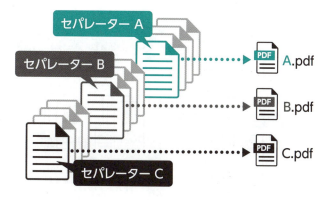

図7-11　セパレータの利用

文書先頭に挟み込みます。

　こうすることで、セパレータのQRコードから文書名を読み出し、登録するファイルをリネームし、ツールによって文書管理システムへ属性登録することができます。

c) セパレータに印刷したQRコードによる仕分け・登録

　セパレータにフォルダ構造のパラメータとファイル名を含めたQRコードを印刷します。このセパレータと紙文書を連続してスキャニングすることで、指定されたフォルダに指定されたファイル名で電子化文書を登録できるツールが広く普及しています。このツールを使えば、図7-12のように、取引先別にフォルダ分けして登録したい場合、QRコードに取引先とファイル名の情報を含めておけば、取引先別フォルダに関連する契約書を指定のファイル名で登録できます。

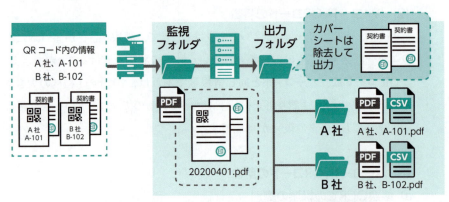

図7-12　セパレータを使ったフォルダ構造への登録事例

d) 帳票に印刷したQRコードによる仕分け・登録

　セパレータを使わずに、帳票にフォルダ構造のパラメータとファイル名を含めたQRコードを印刷します。この帳票をスキャニングすることで指定されたフォルダに指定されたファイル名で電子化文書を登録するツールも普及しています。このツールを使えば、図7-13のように、帳票のみをスキャニングするだけで、登録先を仕分けることができます。

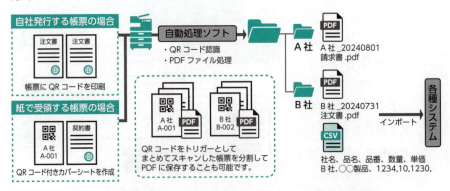

図7-13　帳票にQRコードを印刷したファイルフォルダの登録例

5 AIの発達と適用の拡大

　AIを使用した業務の自動化は、さまざまな業界で効率化やコスト削減、正確性の向上に大きく貢献しています。応用分野の例としては、カスタマーサポート、経理・財務、人材採用作業、マーケティング、製造業における品質検査、医療分野での診断、リスク管理と不正検出の自動化や、サプライチェーンの最適化などがあります。これらの事例は、AIを活用した業務自動化の一部にすぎません。

　このような中でも生成AIは、2022年12月にChatGPTが登場して以来、利用者数を爆発的に増やし、多方面での利用が期待されています。

　ただ、生成AIは、収集した情報から学習して、答えを出すため、次の3つの課題に留意した対策を取っていく必要があります。

・ハルシネーション(幻覚)

　「本当っぽい嘘」をついてしまうことがあります。そのため、回答の根拠となった情報を確認する必要があります。また、回答の質を上げるため、良質の情報を学習させる必要があります。

・情報漏洩のリスク

　自組織の情報を学習元として利用した場合は、関係者以外に対する守秘義務のある情報が混じっていると、アクセス権限のない人に、意図せず情報を知らずして提供してしまう可能性があります。自組織の情報を学習させる場合は、センシティブな情報が含まれていないかの充分なチェックが必要です。

　自組織の情報は学習対象としない取り組みも必要です。

・倫理面、法規制上の問題

　生成AIが出力した文章や画像、映像が、他の既存の著作物との類似性、依拠性が高い場合は、著作権侵害となる可能性があることに注意が必要です。

　現在のところ文書情報マネジメント関連で有用な用途として、以下のものがあります。

・要約・分析の作成(翻訳を含む)

・企画提案

・社内知識の検索、データ抽出、社内問い合わせ対応

・顧客対応

・ビジネス文書案作成、報告書作成

・議事録作成、講演文字起こし

・社内ナレッジの抽出

6 管理の自動化

電子文書、紙文書ともに適切な管理を手作業で行おうとすると工数が膨大になるだけでなく、ミスも増え、そのミスをダブルチェックするために、さらに人手がかかることになります。したがって業務の自動化だけでなく、管理作業の自動化は重要です。ここではその中から、幾つかの代表的な例について紹介します。

(1) 保存期間満了日の通知、管理機能

保存期間の満了日については、一般的には、6章　1.（1）保存期間の基本パターンに示すように、文書登録後の起算日からの保存期間によりファイルまたは文書ごとに計算します。

保存されているファイル、文書の数は、非常に多くなることから、ミスを誘発する手作業は避け、自動的に各保存の管理者に、メールなどで通知、あるいは保存期間満了ファイル、文書の一覧を作成します。

(2) 監査ログ収集と分析

様々なシステムで、多様なシステムログが生成されます。これらのログを使って、システムが規定通りに使用されているか、異常が発生していないかを確認することが必要です。

各種のログの発生場所が分散していること、ログ毎に表示形式などが異なることから、手作業での収集、分析には限界があります。監査ログ収集、分析ツールでは、以下のような作業を自動化します。

・ログの収集
・取得したログデータの正規化
・正常データと異常データの識別
・特定ユーザーの挙動のモニタリング
・分析結果のレポートやダッシュボードの作成
・複数のソースからのデータを連携させた分析

(3) ファイルフォーマット変換

電子文書のファイルフォーマットを変更して可読性、同一性を維持する場合も同様に、手動で変換作業を行うことは作業者の負荷が高く、また作業漏れのリスクもあるため、自動的に変換する機能を追加して利用することが推奨されます。後日なんらかの不具合が変換において発見された時に備え、元の電子ファイルも残しておくことが推奨されます。

第8章

文書情報システムの構築、運用、監査

　文書情報マネジメントを導入することになった場合、何らかの管理体系を構築し、業務の流れの見直しを行うと共に、多くの場合は新たな文書情報システムの導入が必要になります。システムを円滑に、効率よく導入するためには、部門横断的に人的、金銭的な協力を得る必要があり、プロジェクト化が欠かせません。

第8章 文書情報システムの構築、運用、監査

1 プロジェクトマネジメント

　組織に文書情報マネジメントを導入したり、そのマネジメント運用のために文書情報システムを導入する場合には、導入するためのプロジェクトをマネジメントする必要があります。プロジェクトマネジメントによって、導入計画の立案、スケジュール、予算、品質を管理して完遂を目指します。

　プロジェクトマネジメントでは、次に示す手順で推進していきます。
(1) プロジェクトの立ち上げ
　プロジェクトのスコープの整理およびステークホルダを確認します。

　プロジェクトは、経営者などステークホルダの意向によって、立ち上げます。この際にプロジェクトに影響を与える利害関係者（ステークホルダ：プロジェクトメンバー、関連組織、取引先、証拠検証関係者など）から、プロジェクトの目的、成果物に対する要求を聞き出して、明確化します。

注記　一般的に「ステークホルダー」が使われますがここではJISに合わせて「ステークホルダ」としています。

(2) 計画および設計
　プロジェクトの作業内容や成果物を整理して、それぞれの作業期限や対応予算を決定します。
a) WBS (Work Break down Structure) と作業割り付け
　作業項目を詳細化して分解します。詳細化した作業の一つを作業単位(Work Package)と言います。その作業単位を、順序だてしたり、関連性をパート図に整理します。

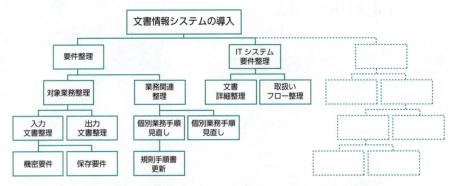

文書情報システムを導入するプロジェクトで実施すべき作業を分解したWBSの例
図8-1　WBSへの分解

b) 作業の見積り
　作業単位で必要とする作業時間や費用を見積ります。関連性を示した整理図を参照して、作業のパスごとに必要になる費用を整理します。

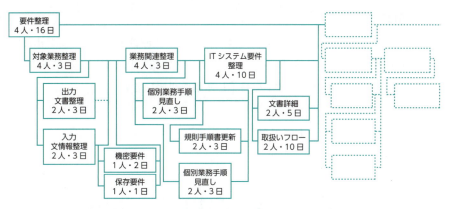

対応者数と対応時間を割り付けた例。作業時間の見積の精度を上げるようにします。

図8-2　WBSの割り付け

c) 作業の割り当てとスケジュールの確定

　見積り作業が完了し、予算が確定したら、ガントチャートなど日程表に展開して、プロジェクトのメンバーに展開します。

　また、各作業で発生するリスクへの対応策や、各作業の完了条件（品質確保の要件）を決定しておくようにします。

	作業	作業者	作業時間	作業日程
1.	要件整理			
1.1	対象業務整理	○○		▲
1.1.1	出力文書整理	△△		▬▬▬▬
1.1.1.1	・・・	△△		
1.1.2	入力文書整理			
1.1.2.1	機密要件			▬▬▬
1.1.2.2	保存要件			▬▬▬
1.2	業務関連整理			▲
1.2.1	個別業務手順見直し			▬▬▬▬
・・・	・・・			▬▬▬▬
・・・	・・・			▬▬▬

対応者と対応時間を割り付けた例。作業日程の見積の精度を上げるようにします。

図8-3　WBSの割り付け

(3) 実行

　作業を実行します。プロジェクトマネージャは、各作業者が、個別にリスクを抱えないよう、作業者間のコミュニケーションを促進します。また、各作業が完了条件に達していることを確認し、作業推進してよいか判断します。

(4) 監視・コントロール

　プロジェクトが、計画通りに作業推進されていることを定期的に確認します。

　特に、コスト超過やスケジュール遅延が発生してないことを確認して、必要があれば対策を講じます。

(5) 終了

プロジェクトの完了に当たっては、関連する仕様書や運用マニュアルとともに文書情報システムの品質状況をステークホルダに報告します。この報告の確認および承認を以ってプロジェクトを終了し運用を開始します。

また、プロジェクト内で発生した作業記録や成果文書、品質確認書類は、保存運用します。

2 文書情報システムの構築、運用、監査

2.1 文書情報システムの構築

(1) 文書情報マネジメントの適用

文書情報マネジメントをどのような業務や事業範囲に適用するかを決定します。図8-4では、取引先から商品の注文を請けて商品を納品し、支払いを受けること、またそれらの取引活動の決算を実施する流れの観点から全体を鳥瞰しています。

文書情報マネジメントを運用していくためには、最初に特定の部門や業務で適用して、適用範囲を広げていくことがお勧めです。

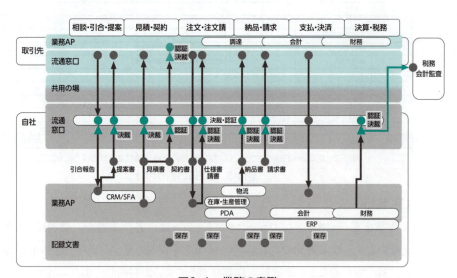

図8-4　業務の鳥瞰

a) 対象業務の絞り込み

文書の流れや業務の流れの全体像が整理できたら、その個別の業務での文書の取扱いでの問題や課題について、対応方針を策定します。

例えば、「受領した文書が、後作業で使用できる形式になっていないため、

不効率である。」、「配付しようとする文書の機密指定の運用が煩雑である。」、「文書を処理している時に、持ち出しても監視されていない。」などのような問題について、対応します。

b) 使用する文書の整理

文書の取扱いの視点から文書情報マネジメントの対象作業を絞り込みます。取り扱う文書ごとに、文書の受領、処理、配付のプロセスで、どのように文書を使用しているのか現状を整理します。現状での問題または課題から文書の形式や取扱いの仕組みについて、改善方法を検討します。

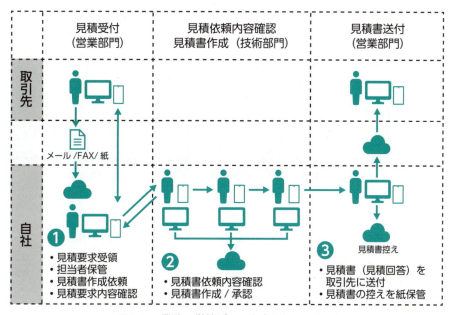

図8-5　業務の単位ごとの文書取扱いの整理

c) 法定保存文書の確認

文書は、全て業務で使用されます。業務で使用される文書は、法的に保存義務がある場合があります。よって、作業で使用された文書は、保存運用に移行する必要があります。保存運用に移行する場合には、該当の文書をどのような形式で保存するのか、保存期間をどのように設定するのか、保存期間中のデータの保護基準について、法令での規定があります。その規定に基づいて、運用できるように機能設定する必要があります。

d) 文書の取扱いおよび保存の一覧管理

2章および5章にも示しましたが、文書の授受、取扱いおよび保存運用について、その中で使用される文書は、経緯情報を含めて、取扱いや保存運用の状況を追跡、または監査できるようにする必要があります。

業務で発生する文書の種類、機密性から見た文書の分類、授受、作成、処理、配付、保存運用している文書の状況が一覧できるように管理します。図8-6に文

書の業務分類、機密分類の一覧の例を示します。

	業務分類	機密分類	文書の種類	作成・受領	処理	配付先	保存期間
1	見積	限定	見積依頼	見積部署	社外	—	7年
2	見積	限定	見積請書	見積部署	社外	社外	7年
3	在庫確認	限定	在庫問い合わせ	見積部署	見積部署	倉庫部門	1年
4	在庫確認	限定	在庫回答	倉庫部門	倉庫部門	見積部署	1年
5	契約	限定	契約書	契約部門	契約部門	社外	10年
6							
7							

図8-6　文書情報マネジメントの対象文書一覧　例

(2) 文書情報システムの適用

文書情報マネジメントの適用範囲に文書情報システムを適用します。

a) 適用の目標設定

すでに、文書を取り扱うために情報システムが使用されている場合もあります。文書情報システムを適用することで、業務上での運用効率の向上やリスク対応の強化、法令遵守などを確実にすることを目標に設定します。

b) 適用する技術の組み立て

文書情報システムを適用するには、文書のデータの保存運用、保存するストレージシステム，取り扱いや保存運用の流れをコントロールするワークフローシステム、作成、更新するための編集システム、また役割の設定や利用者の認証および認可をコントロールするシステムが必要になります。どの技術（システム）をどの業務に適用するのか、文書の取り扱いや保存運用の手順、データ連携性や安全性確保の要件に合わせて、選択します。

c) 運用の設計

常に動作している性質を可用性と呼んでいます。文書情報システムは、業務に適用して運用される必要があります。そのため、システムの可用性を確保しなければ

なりません。また、使用している文書情報システムが、不正なアクセスによって動作しなくならないように安全性の確保も必要です。

そのため、システムの運用状況（アクセスやシステムリソースの状況）の監視、インシデントが発生した場合の回復方法、システムやデータのバックアップ方法について設計します。

d）文書情報システムの実装

文書情報システムを実装した時、取扱われる文書によって、システムで準備するリソースが変わります。実際に運用される場合の、アクセスする人数、文書のサイズ、件数からリソースを検証して、実装していくようにします。

e）文書情報システムの適用状況の確認

文書情報システムが、システム構築の目標にどの程度達しているのか確認します。技術、運用、制度の問題によって、目標に達しない場合には、引き続き、適用の方法を検討して、改良するようにします。

3 文書情報システムの適用例

図8-7に文書情報システムの適用範囲を示します。本事例では、次の範囲での文書情報システムの適用事例を説明します。
① 発注者から検収書を受領して、請求書を発行する。
② 業務で使用した文書を保存運用する。

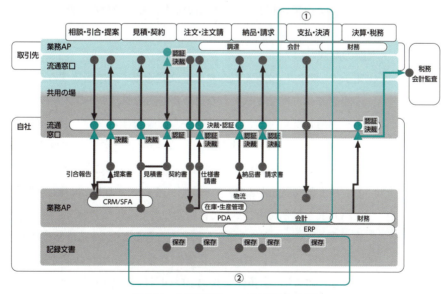

図8-7　文書情報システム適用の範囲

3.1 取引文書の取扱いへの適用

図 8-7 の①に示した、取引先へ商品を納品後、取引先からの検収報告に基づいて、請求書を発行、配付する作業に文書情報システムを適用する例を示します。

a) 適用する業務の作業手順

作業手順は、次のようになります。

①受注者は、発注者に商品と共に納品書を送付

②発注者は、納品物を受領して、検収処理を実施し、検収書を、受注者に送付

③受注者は、検収書を受領し、既に受領済の注文書また、取引の契約書と突合して、確認の後、発注者に送付

④作成または受領、送付した文書は、法定保存文書であるため、発生した事業年度の確定申告書の提出期間の翌日から7年間以上保存運用

b) 適用の目標

- 課題の認識

    導入前に課題をヒアリングした結果、次のような課題があることが明らかになりました。発注者と受注者の間の文書は、電子化が進んでいます。

    ①文書をメールやファクシミリでやりとりするとき、誤送信、なりすましが発生するリスクがあります。

    ②文書を電子的にやりとりするが、それぞれが異なるシステムで文書を作成しているので、受領時に文書を手作業で再入力しなければならず、効率が悪くなっています。

    ③法令の要求に基づくと、文書を受領や送付の都度、保存する必要があります。しかし、電子的な取引で使用される文書形式(ファクシミリ、電子文書、EDI)は、全てが保存できているかがわからないため、法令違反のリスクがあります。

- 課題の解決

    ①電子メールやファクシミリといった、文書を電子的に伝達する手段を使用する場合には、授受する双方の認証が必要なクラウドのファイル共有システムを適用します。または、電子メールに添付する場合には、メールに添付するのでなく、ファイル共有システムの場所を指定して、送付します。

    ②できる限り、共通なデータ形式にして、授受することが望まれます。しかし、様々な取引先があり、データ形式を統一することは難しい状況です。AI-OCRなどを利用して、文書に割り当てられたデータを抜き出して、文書情報システムや別なシステムに入力できるようにすることで対処します。

    ③文書情報システムにおいて、受領作業ならびに配付作業を整理統合します。それにより、受領作業後および配付作業完了後、全ての文書を、保存運用に移行します。

図8-8にシステムの適用例を示します。

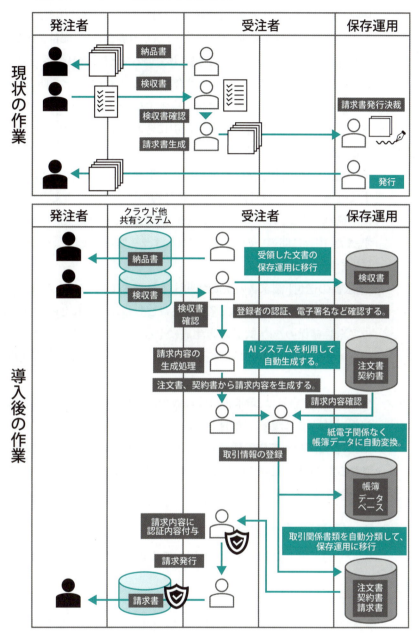

図8-8　検収書を受領して、請求書を発行し配付するシステムの適用例

c) 適用後の作業

［納品書の配付］発注者が、クラウドファイルシステムや電子商取引システムを使用することができる場合には、受注者は、該当の文書をファイルシステムや電子商取引システムに登録して、発注者に配付します。また、電子メールを使用する場合には、電子メールシステムの本人認証やなりすまし防止機能を使用することを前提にクラウドファイルシステムや電子商取引システムの当該文書へのリンク情

報をメール本文に記入して送付します。

[検収書の受領] 発注者から、受領する経路によって、確認作業が異なる場合があ
りますので、注意が必要です。ファクシミリの場合には、配付されたファクシミ
リの電話番号が、受注者側で登録されているファクシミリの番号であることの
確認をします。また、電子メールの場合には、なりすましなどを防ぐために、発注
者のドメイン名称や本人確認情報を検証するようにします。文書に示された、適
格請求書発行事業者番号や電子取引に合わせて発行され認証された電子署
名を確認することも有効です。

[請求書の発行処理] 検収書および注文書、納品書、取引契約書から、請求書の
生成処理をします。検収書に記載の納品物の検収状況や注文書や取引契約書
に記載の単価などに基づいて、受領後、請求書案が、自動生成されるようにしま
す。また、内容に間違いのある場合には、エラー処理にまわし、生成されないよう
にします。

[請求書の送付] 請求書の生成が、正しく処理されていることが確認できた場合
には、発行の責任者によって、発行を決裁します。決裁されたら、生成された文書
の完全性確保のために、請求書生成に至るまでに受領、生成した文書および誰
から何を受取、どのように処理したのかがわかる経緯情報を保存運用に移行し
ます。

発行した請求書には、請求書の受注者の認証情報(電子署名やそのほかの認証
情報)が付与された後に、配付されます。

[請求書に関わる文書の保存] 請求内容については、取引に関する帳簿に記帳
されます。帳簿に記帳された後に、取引に関わる内容を索引にして、関連する文
書を保存運用に移行します。

3.2　保存運用への適用

図 8-7 の②に示した「業務で使用した文書を保存運用する。」ことに文書情報
システムを適用する例を示します。

a) 適用する業務

業務で使用される文書は、業務の分類や目的に従って、整理され、保存運用
する必要があります。文書の保存運用への受入れ作業、索引付けなど整理作業、
実態文書の存在確認など棚卸作業、文書の保存期間の評価作業、文書の廃棄
作業が関係します。

b) 課題の認識

導入前に課題をヒアリングした結果、次のような課題があることが明らかになり
ました。

①取り扱いされた文書が全て、保存運用に移行すべきであるが、移行されてい

ないため、業務の説明を求められた場合に説明できないことがあります。
②保存運用されている文書が、存在しているにも関わらず、整理作業した時の索引では見つけられないことがあります。
③保存期間満了日に到達している文書の内、保存を延長すべき文書が延長されず、廃棄されていて、参照（情報公開請求）を求められても対応できませんでした。

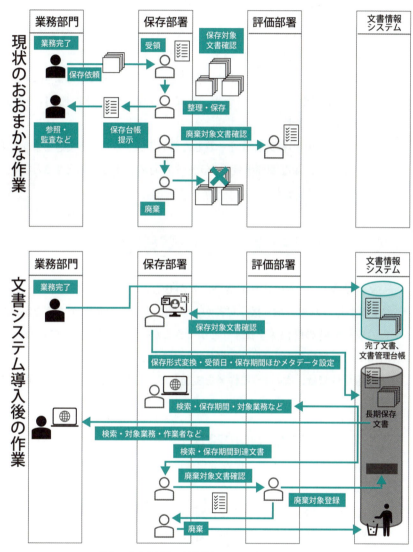

取扱い文書を確実に保存運用に移行するしくみの構築
図8-9　文書の保存運用

c）適用目標の設定
　①文書の取扱い過程の受領や処理、配付のプロセス終了ごとに、全ての文書および経緯情報を保存運用に移行するようにします。
　②保存運用されている索引情報は、文書の作成部署が設定していることが多

く、部署ごとの意識の差で、索引ができていない場合がありました。テキストデータが検出できるデータ形式だけでなく、画像形式や図面形式の文書からも内容から共通した検索用の索引を抽出できるようにAI機能を適用します。

③保存運用中の文書の所在、存在確認および保存期間の満了確認を一元的に実施します。保存期間中に、保存が永年に変更にすべきと意見の出た文書は、検証用のマークを付けて、運用するようにします。

d) 適用後の作業

①文書の取扱い作業が終了後、速やかに業務で使用した文書、およびその経緯情報を保存運用するように自動化します。

②保存されている文書の内容から関連した文書を検索できるようにする。また、経緯情報から、文書の受領、作成、処理、発行および配付の追跡ができるようにします。

③保存運用中の棚卸作業を一貫した管理システムで対応できるようにする。これにより、保存期間の変更やデータ移行の作業を見落とすことなく、運用できるようにします。

4 文書情報システムの運用管理

文書情報システムは、日常業務に欠かせない存在となっています。文書情報システムが無ければ、取り扱う文書が、信頼できるかの判断ができなかったり、過去の取扱い時の解決策を探すことができなかったりします。そのため、業務実施期間中、文書情報システムは稼働していることが求められます。

運用管理では、次のような作業を実施して、文書情報システムの可用性を確保します。

4.1　サービスレベルの設定

運用を文書の取扱い者、保存運用者向けのサービスとして位置づけ、サービスレベルを設定します。

・文書情報システムの稼働時間(24時間、年間360日/5日メンテナンス)、修理など復旧時間(インシデント発生後、2時間以内に復旧)など

・文書の取扱い監視、不明なログイン排除、ダウンロード、参照ログの監査、動作挙動監視して異常挙動の排除の実施

4.2　稼働監視

高負荷なアクセスや、ディスク容量が不足すると利用者がログインできなくなるばかりか、文書情報システムのオペレーティングシステムの領域から不適切なアク

セスができてしまう場合があります。そのため、同時アクセス数、ディスク使用率などリソースを監視して、文書情報システムが、サービスレベルを維持できるようにします。

リソースの異常が検出された場合には、一時的な利用者アクセスの制限や、ディスク容量の追加を検討します。

4.3　インシデントの対応

運用担当者は、あらかじめリスク事象を整理して、インシデント（不具合の発生）に対する対応方法を決定しておきます。

例えば、「アクセスが集中して、ログインできない」、「不正アクセスにより、文書が、持ち出された、削除された、暗号化された」、「予期しない使用で、文書が壊れた、参照できなくなった」などがあります。

インシデントが発生した場合、運用者は、ネットワークの遮断、アクセスの制限、また、バックアップからの復旧が求められます。あらかじめ定められた手順を使用することで、作業内容にミスがおこらないようにすることが重要です。

4.4　運用およびインシデント対応の記録

運用担当者は、文書情報システムの運用状況およびインシデントの発生を記録します。この記録を確認して、リソースの監視やインシデント対応の方法に問題が無いか検証します。

5 文書情報マネジメント監査

5.1　監査の観点

監査を通じて改善点を特定し、文書情報マネジメントの質を高め、ガバナンスを強化することができます。監査では、以下の観点から整備、運用状況の確認を行います。

a) 法律や規制の遵守

各国の文書関連法規制（電帳法、個人情報保護法、業界規制など）に従い、文書の保存管理（内部統制、保存期間の遵守、記録の改ざん防止）が適切か

b) 情報漏洩、逸失の防止

文書や記録が適切に保護され、不正アクセスや漏洩のリスクが最小限に抑えられているか、災害やシステム障害時に文書を迅速に復元できる体制が整っているか

c) 組織運営の効率化、意思決定の透明性確保

必要な文書に迅速かつ正確にアクセスでき、文書を誰が、いつ、どのように作成・更新したかを追跡可能か

正確な記録は、適切な意思決定の根拠となり、組織の信頼性を高めます。

d) 品質向上と信頼性確保

品質管理（ISO 9001）などのマネジメントシステムが要求する「文書化された情報」をはじめ記録としての文書が適切に管理されているか

e) 訴訟リスクの軽減

契約書や会議議事録の適切な保存など、法的な紛争や訴訟において必要な文書を証拠として提出できる体制になっているか

f) 利害関係者からの信頼獲得

契約の履行記録や取引履歴の明確化など、顧客や取引先、投資家からの信頼につながる適切な管理体制が整備されているか

g) 組織文化の向上、責任意識の向上

ポリシーや手順書の周知徹底により、情報管理に対する従業員の責任意識が醸成されているか

5.2　監査項目

表 5-1 に主な監査項目を示します。

表8-1　主な監査項目

カテゴリ		監査項目
1 方針	方針策定	文書に関する基本方針は定められているか 方針が経営目標や法規制に整合しているか
	規則の文書化	文書の取り扱いに関するルール（分類、命名規則、保存期間など）が文書化されているか 従業員に適用可能なルールが周知されているか
	法令遵守	ルールが関連する法規制、業界規制に準拠しているか
2 手順	文書の作成	作成手順や承認プロセスが明確に規定されているか 必要なレビューや承認ステップが実施されているか
	文書の受領	受領文書を評価する基準が規定されている
	アクセス管理	編集・閲覧権限が適切に設定され制限されているか 権限の変更履歴が記録されているか
	保存期間・廃棄方法	保存期間、廃棄方法が定義されているか
	バックアップ	バックアップ手順、頻度、管場所は適切か

3 運用	責任の所在	責任者が任命されているか 文書取り扱いに対する役割分担は明確か	
	要員のアサイン	要員が明示的にアサインされているか	
	アクセス管理	適切なアクセス管理がされているか	
	バックアップ	バックアップが計画通り実施されているか	
	保存、廃棄	規定通りに実施されているか	
	作業の記録	作業がタイムリーかつ正確に記録されているか	
4 システム	システム導入	適切な文書情報システムが導入されているか	
	操作性	操作性はユーザフレンドリーか	
	セキュリティ対策	最新のセキュリティ対策が実施されているか	
	検索	文書を迅速に検索できる仕組みがあるか	
	トレーサビリティ	文書の作成・変更・廃棄の履歴が追跡可能か	
	監査ログ	監査ログが有効になっているか	
	保守	システムが定期的にメンテナンスされているか ソフト更新や脆弱性対応が適切に実施されているか	
5 教育	従業員の教育	取り扱いルールや手順について従業員への教育が 定期的に行われているか	
	訓練	文書情報システムの操作やリスク対策について 訓練が実施されているか	

5.3 監査の実施

　文書情報マネジメント監査は定期的に実施し、監査結果に基づく改善策が適切に実施されているかフォローします。

　保存されている文書（記録）が、監査に耐えうる品質と形式で保存されているかを評価し、フィードバックすることも監査の重要な役目です。

　図 8-10 はマネジメント監査のフローです。監査人は、公平性確保のために、監査対象部門（被監査部門）とは独立した要員が選ばれます。監査計画に基づき実施した監査の報告を受けたトップマネジメントは、監査人や監査対象部門の意見も取り入れ、監査対象部門に具体的かつ実行可能な改善指示を行い、監査対象部門は、原因を特定し、改善策を策定してこれを実施します。改善状況は、再監査や次の監査のタイミングでフォローします。

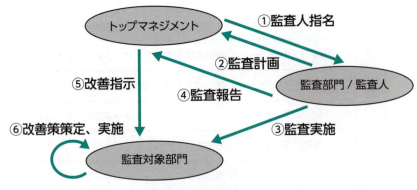

図8-10　監査のフロー

　電子文書は紙文書と異なり、デジタル特有のリスクや管理課題を考慮する必要があります。

　監査のポイントは以下の通りです。

(1) 電子文書の取扱い

a) アクセス権限とセキュリティ
- 誰がどの電子文書にアクセスできるか、明確な権限管理がなされているか
- アクセス履歴（ログ）が記録され、不正アクセスの監視が行われているか
- 多要素認証など強力な認証が適用されているか
- 保存時（データ・アット・レスト）や送信時（データ・イン・トランジット）にデータが暗号化されているか

b) 改ざん防止と監査証跡
- 電子文書の作成、編集、削除の履歴が自動的に記録されているか
- 文書の真正性を保証するために電子署名が適切に利用されているか
- 監査証跡（作業ログやシステムログ）が適切に保存され必要時に検証可能か
- 履歴情報が改ざんされない仕組みがあるか

c) 保存期間と廃棄の管理
- 法律や規制で求められた保存期間をシステムで自動管理できるか
- 保存期間が満了した電子文書を適切に廃棄する手順が明確か
- 廃棄時に復元不可能な方法（例：データの完全削除）が採用されているか

d) 可読性維持
- 長期保存に適したフォーマットが使用されているか
- 古いフォーマットの文書も適切に閲覧、復元可能か

e) 可用性
- 電子文書の定期的なバックアップが実施されているか
- 災害時やシステム障害時に、迅速に文書を復元できる仕組みがあるか

f) 法規制とコンプライアンス

・法令、地域や業界特有の規制に準拠しているか

・個人情報や機密情報を含む文書文書が適切に管理されているか

・監査時に必要な情報を迅速に提供できる仕組みが整備されているか

g) システムの運用

・文書情報システムやサーバーに対して最新のセキュリティパッチが適用されているか

・定期的な脆弱性診断が行われているか

・特定のシステムやベンダーへの過度な依存になっていないか

h) 教育と意識向上

・電子文書の管理やセキュリティに関する社内トレーニングが定期的に実施されているか

(2) 外部サービスやクラウドの利用

a) 責任分担の明確化

・自社とサービス提供者の責任範囲が明確になっているか

・サービス利用者の権限が適切に設定されているか

b) データセキュリティ

・保存時および送信時の両方で暗号化されているか

・暗号化キーは誰（利用者側、サービス側、第三者）がどのように管理しているか

・アクセスに多要素認証（MFA）が導入されているか

・他社データと論理的または物理的に分離されているか

c) データの所在地と法的規制

・サービス提供者がどの国・地域にデータを保存しているかを把握しているか

・保存場所が自社の法規制に準拠しているか

・データを他国に移転する場合の規制を満たしているか

d) 可用性とバックアップ

・サービスレベルアグリーメント（SLA）で可用性（稼働時間）や復旧時間が保証されているか

・自社で追加のバックアップを取得できる仕組みがあるか

e) データの所有権と移行性

・外部サービスまたはクラウド上のデータに関する所有権が明確に規定されているか

・サービス終了時や契約解除時にデータが返却されるか

・データを移行する際、容易にデータをエクスポートできるか

f) 第三者リスク管理

・サービス提供者の外部委託リスクが適切に管理されているか

・サービス提供者は第三者認証（ISMS、SOC2など）を取得しているか

g) インシデント対応
- ・インシデントやサービス障害が発生した場合に迅速に通知されるか
- ・インシデント発生時の具体的な対応手順や責任分担が定められているか
- ・サービスのログにアクセスできるか
- ・モニタリングにより不審な動きが検出される仕組みがあるか

h) コスト管理
- ・サービス利用料の課金モデル（従量課金、固定費用）が明確か
- ・利用量の監視手段または自動調整機能があるか

第9章

リスクマネジメントとセキュリティ

　電子文書は情報技術を基礎とすることから、情報セキュリティリスクに対して特に配慮が必要です。通信技術の発展と共に、ネットワークを通じた情報漏えいが日常的に話題となる中、十分なセキュリティ対策は組織の義務となっています。

第9章　リスクマネジメントとセキュリティ

1 文書の取扱いおよび保存運用における リスクと対策

　情報は組織活動の主要な資産です。文書の形で意思を伝え、保存し、利用しますが、その取扱いおよび保存運用には様々なリスクがあります。あらかじめリスクを認識して、回避または軽減策を講じなければなりません。

1.1 リスクの特定

表9-1　文書の取扱いおよび保存運用における主なリスク

	リスク	リスク事象の例
1	コンプライアンス	法令に基づく保存形式、保存期間の未遵守 法定保存文書の未更新、所在不明
2	法的（訴訟）	訴訟に必要な証拠文書の不足、紛失、散在により利用不可 e-Discovery での不適切な情報開示
3	知財	著作権法や特許法の違反 企業秘密やノウハウの漏洩 不正な情報の使用や情報汚染
4	プライバシー	個人情報保護法（例：GDPR, CCPA）の違反 個人情報の漏洩や不適切な利用 データ主体からの問い合わせへの不適切な対応
5	セキュリティ	サイバー攻撃による情報漏洩 権限の誤設定による不正アクセス 文書の改ざん
6	データ品質	不正確、不完全なデータよる意思決定の誤り、 ステークホルダーの信用失墜 不適切なデータ分類による業務効率の低下
7	データ損失	バックアップの不足や失敗による復元不可 システム障害や人的ミスによるデータ消失
8	技術的	古いシステムやフォーマットの非互換 ソフトウェアやハードウェアの陳腐化 技術的サポート終了
9	事業継続	システムダウンや災害による業務停止 重要な記録の物理的損失 緊急時のバックアップ不全

　表 9-1 に文書の取扱いおよび保存運用における主なリスクを示します。

　これらのリスクのうち、取引相手から受領した文書の知財リスクおよびプライバシーリスクには十分に留意する必要があります。

a) 情報の漏洩、汚染

・秘密情報を送付者に許可なくコピーし関係者以外に配付

・入手した情報を評価せずに開発・研究部門に転送し情報汚染

リスクマネジメントとセキュリティ　第9章

　　組織は、受領する文書の目的、機密性、重要性から作業者の作業権限や取扱い権限（アクセス、編集、変換）を指定する必要があります。

注記　情報汚染（コンタミネーション）とは、情報が不正確または無関係な要素に混乱されることによって、信頼性や正確性が損なわれる現象を指し、これには、他社の秘密や機密情報が混入することで、自組織の情報が影響を受けて権利を主張できない状況も含まれます。

b) 営業秘密、個人情報の目的外利用

・個人情報が記載された申請書や申込書から個人情報を収集して別の目的で
　利用または販売
・委託された業務に関する営業秘密を別目的で利用

　　そのほか、受領した文書を変換し処理作業に引き渡す際に、作業経緯を保存しておかないと変換内容に問題がある場合に修復できないデータ損失リスクや、なりすましなどのセキュリティリスクがあります。

1.2　方針、技術および運用面からのリスク対策

　　文書の取扱いおよび保存運用におけるリスクに対する、方針面、技術面、および運用面からの対策を以下に例示します。

(1) コンプライアンスリスク対策

　　情報ガバナンスのもとに、法定保存期間や規制に基づいた明確な文書マネジメントポリシーを策定し、定期的にコンプライアンス監査を実施します。保存期間満了後も不要文書を保持し続けたり、規制や法律に基づかない保存・廃棄の実施は避けなければなりません。技術的な対策としては、文書情報システムを活用し、保存期間や規制対応の情報管理を行います。また、運用面での対策として、法的要件を満たす保存プロセスの導入、コンプライアンス教育や研修の実施、文書廃棄時の適切なプロセスの実施が求められます。

(2) 法的(訴訟)リスクへの対策

　　訴訟対応を考慮した文書保存ポリシーを策定し、訴訟リスクに対するリスクアセスメントを実施します。訴訟対応中の記録の不適切な廃棄や改変を避けなければがなりません。技術的な対策としては、記録のタイムスタンプと改ざん検知機能を実装します。運用面での対策としては、訴訟発生時に迅速な情報保全プロセスを構築し、証拠管理（チェーンオブカストディ）を確立することが求められます。

(3) 知的財産(知財)リスク対策

　　情報ガバナンスのもとに、著作権や知的財産の管理ポリシーを制定し、秘密保持契約（NDA）を徹底します。未承諾の第三者との知財関連文書の共有や、著作権の確認をせずに文書を使用することは避けなければなりません。技術的対

策としては、デジタル著作権管理（DRM）ツールの利用や、企業秘密を含むデータの暗号化があります。運用面での対策として、情報の使用範囲を明確にするトレーニングの実施や、知的財産権侵害リスクの監視があります。

　文書流通時のリスクとして、機密保持契約の範囲に無い機密情報を渡されてしまうことも大きなリスクとしてクローズアップされています。取り扱う文書は、常にその取扱いの権限や権利が確認できるようにしなければなりません。

　取引先と共同して商品を技術開発するとき、お互いの技術的な機密情報を扱うことが多くあります。この場合、共同開発する商品には、取引先から提供された機密情報を使用することができますが、自社商品に取引先から提供された情報を適用すると、機密保持に関して、違反してしまいます。

　共同開発する商品の技術活用の作業者と自社商品の作業者を分け、組み立て作業やお客様の問い合わせなどについても取引先機密情報を使用することが想定される作業者は、自社商品の作業に充てないようにし、当該の機密情報については、厳格にその担当作業者以外はアクセスできないように管理しなければなりません。

　また、一般的な注意事項として、Webブラウザを通して収集された画像や会社ロゴなどを当該サイト責任者の許可なく使用すると、著作権の権利侵害になります。

(4) プライバシーリスク対策

　プライバシーポリシーの制定と周知を行い、データ主体の権利（アクセス、訂正、削除）を明確化し、適切な対応を行います。個人情報を無制限に長期間保存したり、不要になった個人情報を適切に廃棄せずに放置することは避けなければなりません。技術的対策としては、個人情報を識別できるデータに対する匿名化や仮名化、個人情報保護対応の監視ツールの活用があります。また、運用面の対策として、個人情報に関する定期的な内部監査や社員向けの個人情報保護教育の実施があります。

(5) セキュリティリスク対策

　情報セキュリティポリシーの策定と運用を行ないます。権限管理の原則（最小権限の原則）の採用が有効です。セキュリティ対策がない共有フォルダの使用や、機密文書を暗号化せずに保存することは避けなければなりません。技術的対策としては、ファイアウォールや侵入検知システム（IDS）の設置、データの暗号化、多要素認証（MFA）の導入があります。運用面での対策としては、オンプレミスシステムに対する定期的な脆弱性診断やペネトレーションテストの実施、セキュリティ意識向上のための社員トレーニングがあります。

(6) データ品質リスク対策

　データ品質管理方針の策定し、データ入力基準や命名規則を設定します。不正

確または重複したデータをそのまま保存したり、データ分類が不明確で管理が複雑になることは避けなければなりません。技術的対策としては、データクレンジングツールの導入や、データ統合や重複排除のための ETL プロセスの整備があります。また、運用面として、定期的なデータ監査と品質チェックの実施、データ管理者（データスチュワード）の任命があります。

(7) データ損失リスク対策

データバックアップポリシーを制定し、データ復旧計画を策定します。バックアップ未実施や一元化した保存、復旧手順を明確にしないまま運用することは避けなければなりません。技術的対策としては、自動バックアップシステムの利用、データ消失リスクを軽減するレイド構成やクラウドストレージの利用があります。また、運用面での対策として、定期的なバックアップテストの実施、復旧手順を明確にしたマニュアルの準備があります。

(8) 技術的リスク（陳腐化など）対策

使用技術とフォーマットのライフサイクル管理ポリシーを策定し、システム更新計画の定期的な見直しを実施します。古いフォーマットのまま重要文書を長期保存したり、システムやフォーマットの互換性確認を怠ってはなりません。技術的対策としては、長期保存可能なオープンフォーマットへの変換、データやシステムの可用性を確保する仮想化技術を採用します。また、運用面の対策として、古い技術やフォーマットの段階的な移行計画の実施、利用可能な技術サポート情報の定期的な確認を行います。

(9) 事業継続

事業継続計画（BCP）の策定と定期的な見直し、災害復旧計画（DRP）の構築を行います。バックアップ未実施または一元化による障害リスクの増大や、災害復旧計画がなく業務停止時の混乱を招くことは避けなければなりません。技術的対策としては、データのリアルタイム同期と冗長化、災害対策用データセンターやクラウドの利用があります。また、運用面での対策として、緊急対応訓練の定期的な実施や優先業務のリスト化と手順書の準備があります。

[2] 文書情報システムのリスクと対策

文書情報システムは、安全かつ安定した稼働を図る必要があります。文書情報システムのリスクと対策を以下に記します。

(1) オンプレミス基盤とクラウド基盤

文書情報システムの基盤には、オンプレミスとクラウドがあります。オンプレミスのリスクは、初期導入コストの高さ、長期的なメンテナンス費用、障害発生時の対応遅延、人的リソースの不足、サイバー攻撃や内部不正行為への対応が、突

発的な容量増加やパフォーマンス要求に対応が難しいことです。一方、クラウド
は、サービスがサービス提供者に依存するため、障害発生時に迅速な対応が難
しい場合があり、データの保存場所が海外の場合、法的な規制やコンプライアン
スリスクが発生する可能性があります。また、使用量やトラフィック増加による予
想外のコストが発生したり、マルチテナント環境において、他のユーザーの影響
を受ける可能性があります。

(2) 信頼性、完全性、安定性、可用性リスクと対策

　表9-2に、文書情報システムの信頼性、完全性、安定性、可用性リスクと対策
を示します。

表9-2　文書情報システムの信頼性、完全性、安定性、可用性リスクと対策

	リスク	対策
信頼性	システムダウンやサービス停止 災害によるデータ、バックアップ消失	高可用性構成の採用 定期的なバックアップの実施 遠隔地へのレプリケーションやクラウドを活用したバックアップ
完全性	内部関係者や外部攻撃者による改ざん、削除、不正アクセス データ損失や破損 ソフトウェアバグやハードウェア障害による文書の欠落や破損 バージョン管理の不備 同時編集によるデータ不整合 変更履歴が不明で完全性の証明不可	ストレージ、通信データの暗号化 ロールベースのアクセス制御 改ざん検知システムの導入（ハッシュ値管理やブロックチェーン技術を活用したデータの完全性の監視） チェックイン／アウト機能の実装 ロールバックの実装 監査ログの保存
安定性	負荷集中による性能低下 アップデートによる不具合発生 クラウドや外部APIの性能が不安定 CPU、メモリ、ストレージなどのリソース不足によるステム停止	スケーラビリティの確保（リソースの動的追加が可能な設計） 負荷分散の実装（ロードバランサや分散処理の導入） テスト環境での十分な動作確認 リソース監視と自動回復 キャッシュの活用
可用性	単一障害点（SPOF）の存在 ハードウェアやネットワーク障害 過負荷、設定ミス、または外部サービスの影響による突発的な停止 メンテナンス中のサービス停止 災害による地域的障害	冗長構成の実装 監視ツールによる稼働状況のリアルタイム監視、異常検知時の即時対応 障害発生時の手順の文書化と定期的な机上訓練 負荷分散と自動拡張（オートスケーリング） SLAによる可用性保証 キャパシティプランニングと利用状況の定期的分析 計画的なメンテナンススケジュール 予備構成を使った事前確認 多拠点分散構成

リスクマネジメントとセキュリティ　第9章

3 文書情報マネジメントにおける情報セキュリティリスクと対策

　組織で取り扱う文書は、その機密性や有用性から様々な場面で情報セキュリティのリスクにさらされています。情報セキュリティは従来ITシステムを対象にシステムの運用やアクセス管理の対策が行われてきましたが、昨今では、不適切なアドレスにアクセスするだけでシステムに侵入されたり、メールアドレスを偽装して、クレジットカード番号など入力させるサイトに誘導するなど巧妙化しIT資産や個人情報が狙われています。

　①では文書に対するセキュリティリスクとして、サイバー攻撃による情報漏洩、誤設定による不正アクセス、内部脅威による文書の改ざんを例示しましたが、ここではそれぞれについてより詳しく述べます。

3.1　文書情報マネジメントにおける情報セキュリティリスク

(1) サイバー攻撃

a) BEC（Business Email Compromise）

　ビジネスメール詐欺。なりすましや偽装メールを用いた詐欺行為で、社会工学的手法を使用して従業員や組織を騙すものです。

b) ランサムウェア

　マルウェアの一種で、データを暗号化して身代金を要求する攻撃です。フィッシングメールや脆弱性を悪用して拡散されます。

　文書を外部から受領するときに、電子メールや共有のクラウドファイルを使用することがあります。このような場合に、添付されている文書ファイルに不適切な情報（自動実行されてしまうマクロや、アクセスすると自動でデータ転送してしまうURLなど）が含まれている場合があります。

c) ディスインフォメーション（Disinformation）

　偽情報や偽文書の作成や流布によって、組織や個人に損害を与えます。

(2) 誤設定（Miscon figuration）

a) 不正アクセス

　認証が不十分で、関係のないユーザーが文書にアクセスできる可能性があります。

b) 第三者サービスからの情報漏洩

　クラウドストレージなど外部サービスを利用する際、不適切な設定やサービス側のセキュリティ脆弱性により情報が漏洩する可能性があります。

第9章

159

(3) 内部脅威(Insider Threat)

a) データ漏洩

　内部関係者による意図的または偶発的なデータ漏洩が発生する可能性があります。

　文書情報システムの使用権限を持つ作業者が、保存運用されている取引に関係する文書や、発明など会社の機密文書を持ち出して、競合の会社に渡す場合などがこれにあたります。

　従来から、文書の遺失や誤廃棄は、セキュリティのインシデントで大きな割合を占めていました。紙文書であったため、「電車の網棚に忘れて遺失した」、「ファイリング什器を廃棄したときに同時に廃棄した」ということが多くの原因と言われています。

b) データの改ざん

　文書が意図的または偶然に改ざんされ、正確性や信頼性が損なわれるリスクがあります。

c) 退職者の機密情報の持ち出し

　内部の従業員(現職・退職者問わず)が意図的または偶発的に情報を不正利用するリスクを指します。

3.2　対策

　文書管理のセキュリティは、技術的な対策だけでなく、運用ルールや教育を組み合わせることで効果を高められます。分類・アクセス制御・監査の徹底を基本とし、内部と外部からのリスクにバランスよく対応することが重要です。

a) 情報セキュリティポリシーの設定

　技術的対策と運用ルールを組み合わせ、組織全体で一貫性を持たせることが重要です。また、ポリシーの策定後も、運用状況を評価し改善を繰り返すことで、効果的なセキュリティ体制を維持できます。

b) アクセス制御の強化

　文書の分類に応じてアクセス権限を設定し、最小限のアクセス権を付与します。
　二要素認証(2FA)を導入し、不正アクセスを防ぎます。

c) 暗号化の実施

　保存時および送信時に文書を暗号化し、外部に漏洩しても内容が読めないようにします。

d) 監査ログの記録と監視

　文書へのアクセスや変更の履歴を記録し、定期的に監査します。

e) 第三者サービスの安全性確保

利用するクラウドサービスのセキュリティ基準を確認し、必要に応じて暗号化を施します。

文書の保存場所

クラウドサービスのように国境をまたいでシステムが配置されると、配置された国の法令により、当局のデータ押収や、データが監視されるリスクがあります。文書情報システムにクラウドシステムを使用する場合だけでなく、オンプレミスシステムを使用する場合でも、データセンターをどこに置くかは、重要な決定事項になります。使用するIT機器も、不適切な機器を使用しないように留意する必要があります。

セキュリティ認証

主なセキュリティマネジメントの認証の仕組みにJIS Q 27001 に基づく組織の情報セキュリティマネジメント認証、JIS Q 2017 に基づくクラウドシステムの情報セキュリティマネジメント認証、また、日本政府の情報基盤に導入可能なISMAP（政府情報システムのためのセキュリティ評価制度 Information system Security Management and Assessment Program）があります。

クラウドを使用して、文書情報システムを提供、使用する場合には、これらの認証への対応を確認する必要があります。

f) セキュリティ教育の実施

関係者に対して文書管理に関するセキュリティポリシーやルールを教育し、遵守を徹底します。

g) 分類の明確化

文書を「機密」「公開可」「廃棄予定」などに分類し、それに応じた管理方法を適用します。

h) マルウェア対策

送付者を確認したり、ウィルスチェックをしたりして、データが信頼できるか確認するようにします。

i) 内部脅威の対策

内部関係者が起こす可能性のある不正やミスに備え、アクセス権限の見直しと監査を強化します。

退職者による持ち出し

持ち出し可能な媒体の使用制限や、媒体の暗号化で、漏洩のリスクを減らしていることが多いので、このような状況は減っているものと考えられます。しかし、ネットワークを通して、アクセス可能な外部ファイルクラウドに置くなど組織から権限が与えられているときに文書を移動し、退職後アクセスする権利を失ったのち、当該の外部ファイルクラウドにアクセスして、抜き出されるインシデントが発生しています。IT資産管理上の情報セキュリティと文書情報マネジメントの安全性確保

第9章 リスクマネジメントとセキュリティ

の両面から、利用者 ID の登録や変更時の本人確認、ログイン時の個人認証、作業権限に基づくアクセス権の管理が必要です。

j）インシデント対応計画の準備

万が一のデータ漏洩や紛失に備えた対応手順や連絡フローを事前に準備しておきます。

k）セキュリティツールの利用

文書管理システムや DLP（Data Loss Prevention）ツールを活用して情報漏洩リスクを軽減します。

注記　DLPツールは、機密文書を登録されたキーワードや正規表現、またはフィンガープリントで識別し、外部への送信や可搬媒体へのコピーを制限するツールです。

第10章

法令・ガイドライン

　文書情報マネジメントを遂行するには、どのような組織も、文書情報マネジメントに関わる技術や運用ノウハウに加えて、自らが関係する国内外の法律や判例・ガイドライン等を正しく理解した上で法令遵守（コンプライアンス）を実施し続ける事が肝要です。

第10章　法令・ガイドライン

1 法律・制度等の概要（法律・制度等の整備の概要）

　2000年11月に「IT 基本法」が制定され、紙から電子への変革が本格的に始まりました。電子による情報流通を円滑にするために 2001年4月には「電子署名法」「IT 書面一括法」が、2005年4月には「e-文書法」が施行され、電子化文書および電子文書の多くが取り扱えるようになりました。

　その後「世界最先端 IT 国家創造宣言」が 2013年6月に閣議決定され、同時に「日本再興戦略－ JAPAN is BACK 」も閣議決定されました。この日本再興戦略の中で、『対面・書面交付が前提とされているサービスや手続を含め、IT 利活用の阻害要因となる規制・制度を洗い出し、改革を進める。このため、あらゆる分野で IT の利活用が行われるように、「IT 利活用の裾野拡大のための規制制度改革集中アクションプラン（仮称）」を策定する。』とし、『IT が「あたりまえ」の時代にふさわしい規制・制度改革』を進めることを宣言しました。

　2015年の「IT 利活用に係る基本指針」（高度情報通信ネットワーク社会推進戦略本部、平成 27年6月30日）では、次の5つの基本原則が掲げられました。
・電磁的処理の原則（ＩＴ優先の原則）
・双方向性活用の原則
・安全・安心な情報の高度な流通性の確保の原則
・行政保有情報の共同利用の原則
・情報通信システムの共通化・標準化の原則

　これらのうち、「電磁的処理の原則」の中で、『政府自らが対面・書面原則を転換し、行政手続の電磁的処理を原則とすることを明確に打ち出し、その決意を示す必要がある。（中略）例えば、例外的に法令で対面・書面を義務付ける場合には、その理由を説明し、その必要性を明らかにすることが望ましい。』としています。

　また、『IT コミュニケーションを通した対面の在り方や電子書面の原本性確保の在り方などの課題についても整理を行い、基本原則とあわせて法制化に向けて進めることとする。』と、電子書面の原本性についての見解を出すと示唆しています。

　2021年に、デジタル社会の形成による日本の国際競争力の強化、国民の利便性の向上に資するべく、デジタル社会形成基本法が制定されました。デジタル社会形成関係法律整備法の一環で、個人情報関係 3法が1本の法律に統合され、官民自治体でばらばらだった規程や運用（いわゆる、2000個問題）が是正されると共に、押印・書面に係る 48法律の改正が行われ、押印の廃止、および当事

者の承諾がある場合に書面の交付に変えて電磁的記録による提供が可能になりました。

2019年の世界経済フォーラム年次総会（ダボス会議）では、DFFT（Data Free Flow with Trust：信頼性のある自由なデータ流通）が提唱されました。DFFTは、データの自由な流通を促進しつつ、データの安全性やプライバシー保護を確保するための国際的な原則や枠組みで、国際的な協力を促進するための指針や合意事項を含んでいます。

2 文書情報マネジメントにかかわる法律

　日本で施行されている法律は憲法を筆頭に、法律が凡そ2,100本、政令・勅令が2,300本、府令・省令が4,400本にのぼります。文書の観点からは、これらの法律のいずれも関わりを持っているといえますが、ここでは多くの法律の中でも文書情報マネジメントに深い係わりを持つ法律に絞って取り上げます。

2.1　デジタル化・IT推進関連法

(1) 高度情報通信ネットワーク社会形成基本法 (IT基本法)

　高度情報通信ネットワーク社会の形成に関する施策を迅速かつ重点的に推進することを目的としており、その後に制定されたIT技術の活用を許容した各種法律の土台となりました。この法律は、次の、デジタル社会形成基本法の制定により廃止されました。

(2) デジタル社会形成基本法

　多様な主体による情報の円滑な流通の確保、アクセシビリティの確保、人材の育成、生産性や国民生活の利便性の向上、国民による国および地方公共団体が保有する情報の活用、公的基礎情報データベース（ベース・レジストリ）の整備、サイバーセキュリティの確保、個人情報の保護などを施策策定の基本方針とし、内閣にデジタル庁が設置されました。

(3) 書面の交付等に関する情報通信の技術の利用のための関係法律の整備に関する法律 (IT書面一括法)

　紙による書面の公布および手続きを義務付けている法律を一括で、従来の手続に加え、電子的な手段での書面公布および手続きができるようになりました。

(4) 民間事業者等が行う書面の保存等における情報通信の技術の利用に関する法律 (e-文書法)

　「民間事業者等が行う書面の保存等における情報通信の技術の利用に関する法律」（通則法）は、民間事業者等が電磁的記録による保存等をできるようにす

るための共通事項を定めたものであり、通則法形式の採用により、約250本の法律による保存義務について、法改正せずに電子保存が容認されることになりました。

また、「民間事業者等が行う書面の保存等における情報通信の技術の利用に関する法律の施行に伴う関係法律の整備等に関する法律」（整備法）、文書の性質上一定の要件を満たすことを担保するために、行政庁の承認等特別の手続きが必要である旨の規定等、e-文書通則法のみでは手当てが完全でないもの等について、約70本の個別法の一部改正により、所要の規定を整備しています。

e-文書法が施行された時、すでに電子保存を容認していた法律（以下に記載の電子帳簿保存法など）についてはe-文書法の保存規定を適用しないことにしており、さらに e-文書法施行後に制定された法律は、制定時から e-文書法の考えを取り入れているため、e-文書法の対象となる法律からは除外されています。

(5) 電子計算機を使用して作成する国税関係帳簿書類の保存方法等の特例に関する法律（電子帳簿保存法）

電子帳簿保存法とは、国税関係の帳簿や書類を電子データで保存することを認める法律です。電子帳簿保存法の対象となる帳簿や書類には、次のようなものがあります。

・仕訳帳や総勘定元帳などの帳簿
・損益計算書や貸借対照表などの決算関係書類
・請求書や領収書などの取引関係書類

2024年1月からは「電子取引のデータ保存」が義務化されました。

詳細は「効率とコンプライアンスを高める e-文書法 電子化早わかり」（JIIMA刊）を参照してください。

2.2　電子署名・認証関連法

(1) 電子署名および認証業務に関する法律（電子署名法）

電磁的記録の真正な成立の推定や特定認証業務に関する認定の制度等を定めています。電子署名法では、電子署名法第3条に規定された要件を満たす場合、「本人による電子署名がおこなわれているときは真正に成立したものと推定する」とあり、文書の電子データに署名者の意図を示すためのデジタル署名を付与する行為に対して、認証局がその者が本人であることを証明します。

電子署名には、署名者自身が電子署名を付与する当事者型と、署名者に代わって第三者が署名を行う事業者型（立会人型とも呼ばれます）があります。事業者型電子署名についても、身元確認、署名者の特定、電子署名アルゴリズムの安全性が一定の水準を満たせば、電子署名法第3条の推定効が及ぶとの政府見解が

出ています。

2.3 サイバーセキュリティ・不正防止関連法

(1) サイバーセキュリティ基本法

　サイバーセキュリティ対策を推進するための基本的な枠組みや方針を定めた法律です。この法律の下では、各行政機関や企業が自らの情報資産を守るための対策を講じる責任があります。

(2) 不正アクセス行為の禁止等に関する法律（不正アクセス禁止法）

　無断でコンピュータネットワークにアクセスする行為や、それを助長する行為を禁止しています。この法律により、不正アクセス行為が犯罪として処罰されます。

2.4 通信・データ送信関連法

(1) 特定電子メール送信適正化法（迷惑メール防止法）

　スパムメールなどの不正な電子メール送信を規制するための法律です。この法律は、消費者の保護とサイバー空間の健全化を目的としています。

(2) 電気通信事業法

　インターネットサービスプロバイダを含む電気通信事業者は、ユーザーのプライバシーを守り、情報の漏洩や不正アクセスを防ぐための対策を講じる義務があります。

2.5 行政手続デジタル化関連法

(1) 行政手続における特定の個人を識別するための番号の利用等に関する法律 （マイナンバー法）

　国民一人ひとりにマイナンバー（個人番号）を割り振り、行政を効率化し、国民の利便性を高め、公平・公正な社会を実現する制度を定める法律。個人情報保護法では、小規模事業者を対象から除外していましたが、マイナンバー法ではすべての事業者が対象となります。また、保護の対象となるマイナンバーの重要性から、個人情報保護法よりも罰則の種類が多く用意されており、また、法定刑も重くなっています。

　事業者は、マイナンバーの不当な流出事故が起きることのないよう、特定個人情報等を取り扱う組織体制、運用状況の確認手段、情報漏えい等事案の対応体制の整備や、従業者への適切な教育や監督、また、セキュリティ対策やログ・アクセス制御、不正アクセス・漏えい対策などといった安全管理措置を検討し、厳重な対策をとることが求められます。

第10章 法令・ガイドライン

(2) 行政手続等における情報通信の技術の利用に関する法律
　　（行政手続きオンライン化法）

　「電子署名に係る地方公共団体の認証業務に関する法律」（公的個人認証法）、「行政手続等における情報通信の技術の利用に関する法律」（行政手続オンライン化法）、「行政手続等における情報通信の技術の利用に関する法律の施行に伴う関係法律の整備等に関する法律」（整備法）の三つの法律により、従来の書面による行政手続がインターネットを通じたオンラインでの電子申請・届出、歳出・歳入、納税などの手続きで可能となりました。

2.6　行政・公文書管理関連法

(1) 行政機関の保有する情報の公開に関する法律（情報公開法）

　開示請求できる文書は、決裁、供覧等手続を終了したものに限らず、行政機関が保有する文書、図画および電磁的記録（録音テープ、磁気ディスク等に記録された電子情報）が開示請求の対象となります。（ただし、書籍等の市販物や、博物館などで特別の管理がされている歴史的資料等は除かれる。）第 37 条で、行政文書を適正に管理すること、行政文書の分類、作成、保存および廃棄に関する基準などを定めることが規定されました。

(2) 公文書等の管理に関する法律（公文書管理法）

　公文書や行政文書の統一的な管理・保存ルールを定めた法律であり、官公庁や独立行政法人での文書情報マネジメントの基本となりますが、地方公共団体の公文書については、公文書管理法の直接の対象とはなりませんが、同様の趣旨で地方自治体における公文書管理を規定するための独自の条例や規則の整備、公文書管理システムの導入、職員に対する研修と啓発活動、アーカイブ施設を設置し、歴史的価値のある文書の保存と公開を勧めています。

2.7　個人情報・秘密保護関連法

(1) 個人情報の保護に関する法律（個人情報保護法）

　デジタル社会形成基本法に基づく、令和 3 年改正個人情報保護法で、個人データの質的・量的な増大、利活用の活発化、GDPR との調和を図る必要性から、個人情報保護法、行政機関個人情報保護法、独立行政法人等個人情報保護法の 3 本の法律が 1 本の法律に統合されるとともに、地方公共団体の個人情報保護制度についても統合後の法律において全国的な共通ルールを規定し、また、全体の所管は個人情報保護委員会に一元化されることとなりました。

　個人情報の漏えいや不正アクセスを防ぐことは、サイバーセキュリティの重要な一環です。本法により、企業や団体は適切なセキュリティ対策を講じる義務が生

じます。

　個人情報の保護は、個人情報の利用目的をできる限り特定し、必要な範囲を超えて個人情報を取り扱わないことが基本であり、不正な手段による情報の取得や、本人に利用目的を明示せずに情報を取得することを禁じており、取扱いに注意しなければなりません。

　個人情報保護法では、個人情報を事業活動に利用している者は「個人情報取扱事業者」に該当します。

注記　旧来は 5,000 人分以下の個人情報を取り扱う事業者（小規模取扱事業者）は、個人情報保護法の適用対象外でしたが、2015 年 9 月の改正で、小規模取扱事業者であっても個人情報保護法が適用されることとなりました。

　「個人情報取扱事業者」には以下のような義務が課されています。

・個人情報を取得する時は、利用目的を決めて、本人に伝える。

・取得した個人情報は、利用目的以外のことには使わない。

・取得した個人情報は、安全に管理する。

・個人情報を第三者に提供する場合は、本人の同意を得る。

・本人からの「個人情報の開示請求」に応じる。

（「中小規模事業者向け　個人情報保護法の5つの基本チェックリスト」個人情報保護委員会、平成 29 年 2 月）

(2) 特定秘密の保護に関する法律（特定秘密保護法）

　日本の安全保障に関する情報（防衛、外交、特定有害活動、テロリズム防止）のうち、特に秘匿することが必要であるものに対する「特定秘密」の指定とその表示、他の行政機関や事業者への提供制限、取扱者の適性評価の実施や漏えいした場合の罰則などを定めています。

　有効期間は 5 年更新で最長 30 年まで、やむをえない場合でも 60 年を超えることはできません。

注記　特定有害活動とは、国の安全保障上秘匿すべき情報を入手しようとしたり、核・生物・化学兵器の開発・製造・使用等に関連する物資を輸出入しようとする活動で、外国の利益を図る目的で行われ、国や国民の安全を著しく害すおそれのあるものをいいます。

(3) 重要経済安保情報の保護および活用に関する法律（重要経済安保情報保護活用法）

　経済活動に関して行われる国家および国民の安全を害する行為を未然に防止するために、重要経済安保情報の指定、我が国の安全保障の確保に資する活動を行う事業者への重要経済安保情報の提供、重要経済安保情報の取扱者の制限を定め、漏えいの防止を図り、我が国および国民の安全の確保に資する制度です。

　重要経済安保情報とは、重要なインフラや物資のサプライチェーンなど重要経済基盤に関する情報であって、サイバー脅威・対策情報等に関する情報、サプライチェーン上の脆弱性関連情報など、その漏えいが我が国の安全保障に支障を与えるおそれがあるため、特に秘匿する必要があるものを言います。

第10章　法令・ガイドライン

　　重要経済安保情報の取扱いの業務は、適性評価において重要経済安保情報を漏えいするおそれがないと認められた者に制限されます。また、重要経済安保情報を取り扱う適合事業者の従業者についても同様の調査・評価が実施されます。

2.8　企業・金融関連法

(1) 金融商品取引法（日本版SOX法、J-SOX法、企業改革法）

　　証券取引法が母体となって定められた法律であり、開示制度として、適時・迅速かつ適正な財務・企業情報の開示を確保するために、上場会社の半期報告書提出の義務化、財務報告に係る内部統制の強化が定められています。

注記　令和5年改正金融商品取引法により、四半期報告書が廃止され半期報告書提出が義務付けられました。

(2) 会社法

　　会社法の目的は、企業の活動を法的に規制し、企業と利害関係者（株主、取締役、従業員、取引先、債権者など）の権利・義務を明確にすることで、企業活動の透明性・公正性を確保し、健全な経済活動の発展を支えることにあります。会社に関する規定であり、株主総会の議事録（第 318 条）、取締役の議事録（第 369 条）、監査役会の議事録（第 393 条）、会計帳簿（第 432 条以下）の作成と保存が義務付けられています。平成 26 年の改正で、子会社を含めた企業集団のガバナンスの強化を目的として、親会社の取締役会は企業集団を管理監督することが求められ、子会社から親会社に対し、業務執行、経理報告、コンプライアンス報告などのほか、内部通報も報告する体制を整えることが求められています。

2.9　知的財産・競争関連法

(1) 著作権法

　　著作権法は、文学、学術、美術、写真、音楽、映画、脚本や、レポート、コンピュータプログラムなどの創作を保護するための法律で、著作物保護期間は、著作者の死後 70 年、団体名義の著作物は公表後 70 年、映画の場合は公表後 70 年となっています。

　　複製と著作権法は、密接な関係があるので、著作権のある著作物の電子化や、マイクロフィルム化する場合は、特に著作権法の内容や取扱いには、慎重に対応することが必要です。

　　著作権法において、特に、次の目的の場合には、著作権者の許諾を得なくとも、著作物を複製することが許されています。

・私的使用のための複製
・図書館などにおける複製
・学校その他教育機関における複製
・入学試験や検定試験問題の複製

法令・ガイドライン　第10章

　上記に該当しない場合は、例え保存のためであっても著作権のあるものの電子化などを行うことは著作権侵害に当たるため、合法的な対策を講ずることが重要です。

a) 著作権、著作者人格権

　著作権を有する者を著作権者といいます。財産権としての著作権は譲渡や相続の対象になるため、著作者と著作権者が一致しないこともあります。著作者は、一般には自然人ですが、法人等が著作者になるときもあります。

　著作権は分割して譲渡することもでき、二次的著作物の創作権や利用権を含みます。

　著作者人格権は、著作物の創作者が作品に対してもつ名誉権等の人格的利益を保護する権利です。譲渡したり相続したりすることはできません。著作者人格権には、公表権（無断で著作物を公表されない権利）、氏名表示権（自分の著作物を他人に使用させるときに名前の表示を求める権利）、同一性保持権（著作物を無断で改変されない権利）の３つがあります。同一性保持権は、自分が作った著作物の内容や題号を、自分の意に反して無断で改変（変更・切除等）されない権利です。著作権が侵害された場合は、侵害者を刑事訴追したり、侵害者に民事上の救済を求めることができます。

b) 著作物の利用許諾

　著作物の利用にあたっては、著作権者に著作物等の利用の了解を得る必要があります。利用許諾は、通常は著作権者と利用者が、著作物利用に関して締結する「利用許諾契約」により認められ、利用者は契約で認められた利用方法や条件の範囲内で著作物等を利用することが出来ます。

　著作物を利用するたびに著作権者を探し出し許諾を得ることは相当の労力を必要としますが、利用しようとする著作物の種類ごとに著作権等を集中して管理している団体（著作権等管理事業者）に許諾を一括して求めることができる場合があります。

(2) 産業財産権法

　産業財産権を保護するための法律の集合体であり、日本国内での産業活動における創作物や技術革新を保護し、経済の発展を促進する役割を果たしています。知的財産権のうち、特許権、実用新案権、意匠権および商標権の４つを「産業財産権」といい、特定の対象物に対して独占的な権利を与えることで、創作者や企業の権益を守り、競争力を高めることを目指しています。

a) 特許法

　発明を保護し、発明者に一定期間の独占権を付与することで、技術革新を促進することを目的としています。特許の対象は発明（新規性、進歩性、産業上の利用可能性を有するもの）で、特許権の期間は出願から原則20年です。

b) 実用新案法

考案（技術的なアイデア）を保護し、創作者に独占権を与えることで、小規模な技術革新を奨励することを目的としています。実用新案の対象は、物品の形状、構造、組み合わせに関する考案で、実用新案権の期間は出願から10年です。

c) 意匠法

物品のデザイン（形状、模様、色彩）を保護し、創作者に独占権を付与することで、デザインの創作を奨励することを目的としています。意匠の対象は物品のデザインで、意匠権の期間は登録から25年です。

d) 商標法

商標を保護し、商標権者に独占権を与えることで、消費者の利益を保護し、公正な競争を促進することを目的としています。商標の対象は、商品やサービスに使用される文字、図形、記号、立体的形状などで、商標権の期間は、登録から10年（更新可能）です。

(3) 不正競争防止法

事業者間の公正な競争を遵守させることで、適正な競争を確保するための法律です。文書に関するものとしては、営業秘密の保護に関する規定が設けられています。

2.10　製造物責任法（PL法）

民法第709条では、「損害」と「過失」の因果関係を被害者（消費者）が立証しなければなりませんでしたが、PL法の施行により、「損害」と「欠陥」の因果関係を被害者（消費者）が立証すれば、製造者の責任が問われることとなりました。これにより製造者は、10年分（あるいはそれ以上）の製造や出庫の記録や製品開発時の文書の保存などが必須となりました。

注記　製造物責任を追及するための時効期間は2つの基準があります。
1. 被害者が損害を受けたことと加害者（製造者など）を知った時点から3年以内に製造物責任を追及する必要があります。
2. 事故が発生した製造物が被害者に引き渡されてから10年を経過した場合、製造物責任を追及することはできなくなります。

2.11　法的手続関連法

(1) 民事訴訟法

2000年の民事訴訟法の改正により、電子的に作成された文書（電子文書）も証拠として認められるようになりました（電子文書の証拠力）。これには、電子メールやウェブフォームを通じて作成された契約書も含まれます。

電子文書が証拠として認められるためには、その信頼性と真正性が保証される必要があります。裁判においては、電子文書が適切な方法で保存・提出されてい

法令・ガイドライン　第10章

るかどうかが重要です。電子契約は、紛争が発生した場合に備えて、適切に保存し、証拠として提出できるよう準備しておく必要があります。

(2) 刑事訴訟法

　刑事訴訟法は、人を有罪として刑事罰を下すか、無罪かを裁判することから、証拠物は以下の第317条および318条を基に徹底した現物主義が採用されます。

　第317条　事実の認定は、証拠による。

　第318条　証拠の証明力は、裁判官の自由な判断に委ねる。

　したがって、反対尋問ができない伝聞や単なる業務文書、マイクロフィルム記録、光ディスク記録などは一般的に証拠能力を否定されます。ただし、第323条（その他の書面の証拠能力）に定められた範囲の書面については証拠能力が認められます。

　第323条　前三条から前条までに掲げる書面以外の書面は、次に掲げるものに限り、これを証拠とすることができます。

　　一　戸籍謄本、公正証書謄本その他公務員（外国の公務員を含む。）がその職務上証明することができる事実についてその公務員の作成した書面

　　二　商業帳簿、航海日誌その他業務の通常の過程において作成された書面

　　三　前二号に掲げるもののほか特に信用すべき情況の下に作成された書面

　近年、情報技術の発展に伴い、デジタルデータが犯罪に関与するケースが増加しています。

　デジタル文書は、犯罪の詳細な記録を含む場合があります。例えば、電子メールやチャットの履歴、SNSの投稿、取引記録などは、犯罪の実行過程や共謀者とのやり取りを明らかにするための重要な手がかりとなります。（犯罪の記録性）

　また、デジタル文書は、物理的な証拠に比べて保存しやすく、改ざんを防ぐための技術も進化しています。デジタルフォレンジック技術を用いることで、改ざんや削除されたデータの復元が可能です。（証拠の保存性）

　更に、デジタル文書は、多様な形式と内容を持つため、複数の視点から犯罪を分析することができます。画像、音声、テキスト、メタデータなど、多様な形式の情報が証拠として利用されます。（データの多様性）

③ ガイドライン・通達

　法律では定められていませんが、各種の業務を行っていく上で準拠することが望ましいものに、政府などから発表されるガイドラインや通達などがあります。

　これらのガイドラインでは、保存を求める文書を指定したり、法律で定められた法定保存文書の作成方法や保存方法を規定したりしているものがあります。

(1) 医療情報システムの安全管理に関するガイドライン（厚生労働省）

　法令により保存が義務付けられている診療録、診療諸記録等の医療情報を電

173

子保存する場合には、このガイドラインに従う必要があります。電子保存の必要条件として真正性の確保、可読性の確保、保存性の確保とともに、電子署名を行うように求められています。

2005年に出された初版では、紙を電子化する場合、300dpi、RGB各色8ビット（24ビット）以上でスキャニングを行えばよいとされていましたが、2010年に出された第4.1版からは、診療等の用途に差し支えない精度でスキャニングを行えばよいと、要件が緩和されました。

(2) 建築確認手続き等における電子申請の取扱いについて（技術的助言）
（国住指第394号 国土交通省住宅局建築指導課長、平成26年5月）

建築確認手続き等は電子申請を行うことが可能でしたが、その具体的な方法が不明確であったため進んでいませんでした。そこで国土交通省住宅局建築指導課は、2014年12月に「建築確認手続き等における電子申請の実施にあたって（情報提供）」の事務連絡を発出し、「建築確認検査電子申請等ガイドライン」（一般財団法人建築行政情報センター、平成26年12月）を電子申請で行う建築確認手続きの標準的な指針を示すものとして通知しました。

(3) 指導要録等の電子化に関する参考資料（文部科学省）

平成22年9月に、文部科学省初等中等教育局が発行した資料であり、ここで
・使用するコンピュータ
・電子データによる作成・保存
・指導要録の真実性の保持、データの滅失・毀損・改ざん防止
などについて説明されています。

指導要録を電子的に作成、保存する際に、必ずしも電子署名を求めてはいないとしながらも、電子署名とタイムスタンプは推奨されています。

(4) 先使用権制度事例集（「先使用権制度の円滑な活用に向けて」特許庁、平成28年5月）

ノウハウとして秘匿していた技術が、他社によって特許を取得された場合、特許権の権利行使等から自社の事業全体を守るために、先使用権を確保するためのガイドラインです。どのような資料を残さなければいけないか、特許出願以前から事業化していたことを立証するための方法として、公証制度の利用やタイムスタンプの付与だけでなく、複数部署や複数拠点に跨る証拠同士のひも付けが重要としています。

(5) コーポレートガバナンスコード（東京証券取引所、金融庁）

2015年3月に公開され、2015年6月から適用を開始しました。株主の権利や取締役会の役割、役員報酬のあり方など、上場企業が守るべき行動規範を示したもので、法的な強制力はありませんが、上場企業はコードに同意するか、しない場合はその理由を投資家に説明するよう求められます。コーポレートガバナンスを

法令・ガイドライン　第10章

強化するためには、十分な説明責任を果たすことが出来るよう、必要な記録を取っておく必要があります。

(6) 研究活動の不正行為への対応等に関するガイドライン（文部科学省 科学技術・学術審議会）

　2006年8月に制定したものですが、2014年の理化学研究所での不正事件を受けて、2014年8月に改訂され、従来の審議会が出したガイドラインから「文部科学大臣決定」と、より権威を強めて決定されました。ここでは一定期間研究データを保存するように定めているだけで、明確な期間は定めていませんでしたが、日本学術会議に審議依頼を出していたところ、「論文等の発表から10年間の保存を原則とする」とされました。

表10-1 ガイドラインなどで保存を求めている文書の例

保存対象文書	ガイドライン	公表日	作成団体	保存年限
研究データ	研究活動における不正行為への対応等に関するガイドライン	平成26年8月26日	文部科学省	一定期間
実験データ等の研究資料	回答"科学研究における健全性の向上について"	平成27年3月6日	日本学術会議	発表から10年
研究に係る試料および情報等	人を対象とする医学系研究に関する倫理指針	平成26年12月22日	文部科学省、厚生労働省	研究の終了について報告された日から5年を経過した日又は当該研究の結果の最終の公表について報告された日から3年を経過した日のいずれか遅い日までの期間
電子メール等（財務報告に係る内部統制の有効性の評価手続等に関して作成した記録）	内部統制報告制度に関するQ＆A	平成19年10月1日（平成23年3月31日改訂）	金融庁総務企画局	有価証券報告書およびその添付書類の縦覧期間（5年）を勘案して、それと同程度の期間
組織提供承諾書	ヒト組織を利用する医療行為の安全性確保・保存・使用に関するガイドライン	平成14年8月2日（平成20年8月23日改訂）	日本組織移植学会	20年

(7) 地方公共団体におけるセキュリティポリシーに関するガイドライン（総務省）

　地方公共団体における情報セキュリティは、各地方公共団体が保有する情報資産を守るにあたって自ら責任を持って確保すべきものであるという方針のもとに、情報セキュリティポリシーの策定を行う者、セキュリティ上の職責を担う者などを読者として想定し、各地方公共団体が情報セキュリティポリシーの策定や見直しを行う際の参考として、情報セキュリティポリシーの考え方および内容について解説しています。

(8) 政府機関等の対策基準策定のためのガイドライン（内閣サイバーセキュリティセンター）

175

政府機関等のサイバーセキュリティ対策のための統一基準群の一つであり、国の行政機関、独立行政法人および指定法人が政府機関等のサイバーセキュリティ対策のための統一基準の規定を遵守するための対策基準を策定する際に参照するものとして、統一基準の遵守事項を満たすためにとるべき基本的な対策事項を例示するとともに、対策基準の策定および実施に際しての考え方等を解説しています。

注記　政府機関等のサイバーセキュリティ対策のための統一基準群は次の文書群から構成されています。
　　　政府機関等のサイバーセキュリティ対策のための統一規準
　　　政府機関等のサイバーセキュリティ対策のための統一規範
　　　政府機関等の対策基準策定のためのガイドライン

(9) 時刻認証業務の総務大臣による認定制度（総務省）

確実かつ安定的にタイムスタンプを発行するための認定要件を満たす業務を「認定 時刻認証業務」とし、2021年から以下を認定要件とした総務大臣による認定制度が始まりました。

- デジタル署名方式
- 時刻源は国立研究法人情報通信機構（NICT）のUTC（NICT）
- タイムスタンプの時刻差が1秒以内
- 安全な暗号技術や装置の使用

注記　UTC（NICT）は、NICTが世界中の原子時計から合成した協定世界時　（UTC：Coordinated Universal Time）で、この時刻に9時間を足した時刻が 日本標準時（JST）になります。

4 文書情報マネジメントにかかわる欧米の法律等

4.1 欧米との法体系の違い

欧州連合（EU）のGDPRは世界で最も厳しいデータ保護法の一つであり、データ主体の権利を強く保護しています。企業は明確な同意の取得、データ保護影響評価の実施、データ漏洩時の迅速な報告義務など多くの厳しい要件に従わなければなりません。EU外へのデータ移転にも厳しい条件を課しており、適切な保護措置がない場合、データの移転は制限されますが、日本はEUから「十分性認定」を受けており、データの移転は比較的容易ですが、GDPRの厳格な要件に従うためには、企業は大規模なコンプライアンス体制を整える必要があり、データ保護責任者（DPO）の任命や、データ処理活動の記録などが求められます。

一方、米国は、連邦レベルと州レベルで規制が異なるため、企業は複数の異なる法律に従う必要があります。特定の分野に特化した法律が多く、州ごとの異なる規制に従うために、企業は州ごとのコンプライアンスを個別に対応する必要があり、セクターごとの規制にも対応しなければなりません、

多国籍企業は異なる法規制に対応するためのコストが増大します。各国の法制度に精通した専門チームを設置し、統合的なコンプライアンス戦略を策定することが重要です。

国際的なデータ移転が厳しく制限される場合、標準契約条項（SCC）や拘束的企業準則（BCR）を活用するなどの対策が求められます。

4.2 各法規制等の概要

(1) eIDAS

eIDAS は、2016 年に施行された、EU 内での電子取引の信頼性と安全性を確保するための規制で、電子署名、電子シール、電子タイムスタンプ、電子文書の認証、電子配達サービスなどを含み、EU 全域および EU 市場に関連する電子取引に適用されました。しかしながら、eIDAS 規則では EU 域内で相互運用可能な eID（デジタル ID）の発行・提供が加盟国の義務ではなく、任意となっていたため、eID の普及が十分に進まなかったことから、2024 年に、欧州デジタル ID 規制が制定されました。この規制により、各国は、2026 年までに属性証明書や運転免許証などを保管するデジタル ID ウォレット（European Digital Identity Wallet, EDIW）の発行が義務付けられました。これにより、2030 年までにすべての主要な公的サービスがオンラインで利用可能になります。

(2) GDPR (General Data Protection Regulation)

2018 年に施行された、個人データの保護と自由なデータ移転を確保するための規制で、データ主体の権利保護を強化し、企業のデータ処理に関する義務を明確化しています。EU 全域および EU 市民のデータを処理するすべての企業・組織に適用されます。

文書取扱い上の留意点としては、データアクセス権、訂正権、削除権（忘れられる権利）などを尊重し、リクエストに対応するための体制を整えること、個人データの処理が高いリスクを伴う場合、事前にデータ保護影響評価を実施することが求められ、データ漏洩が発生した場合、72 時間以内に監督当局に報告する義務があります。

(3) データ法 (Data Act)

データの公正なアクセスと利用を促進するための規制で、特に IoT デバイスからのデータアクセス権を強化しています。EU 全域でデータ生成、収集、利用に関わるすべての企業・組織に適用されます。

ユーザーや第三者が生成したデータへのアクセス権を確保することと、データ共有：公共機関や他の企業とのデータ共有に関する透明性と公正な条件を整えるデータ利用に関する契約条項を明確にし、公正な条件での取引を保証することが

求められます。

(4) eDiscovery (Electronic Discovery)

訴訟手続きにおける電子データの収集、保存、検索、提出を規定する。主に米国の法制度で用いられますが、国際的な訴訟においても重要です。

訴訟の可能性がある場合、関連する電子データを削除しないこと、データ保全命令 (Litigation Hold) を適用すること、収集されたデータの完全性と真正性を保ち、法廷提出用に適切に準備すること、収集したデータに個人情報や機密情報が含まれる場合、その保護に十分な注意を払うことが求められます。

(5) CCPA (California Consumer Privacy Act)

2020年に制定された、カリフォルニア州の消費者の個人情報保護を強化するための規制です。消費者に対するデータの透明性、アクセス権、削除権、オプトアウト権などを提供します。カリフォルニア州内の消費者データを処理するすべての企業に適用されます。

消費者からのデータアクセスや削除のリクエストに迅速に対応する体制を整えること、消費者がデータの販売をオプトアウトするための明確なメカニズムを提供すること、プライバシーポリシーを定期的に更新し、データ収集と利用に関する情報を明確に記載することが求められます。

(6) 米クラウド法 (CLOUD Act - Clarifying Lawful Overseas Use of Data Act)

2018年に制定された、米国の法執行機関が国外のデータをアクセスする際の法的枠組みを提供する規制で、米国の管轄下にあるクラウドサービスプロバイダーに適用されます。データが国外に保存されていても、米国の捜査令状に応じて提供する義務があります。

米国の捜査機関からのデータアクセス要求に迅速に対応する体制を整えること、他国のプライバシー法やデータ保護規制とのコンプライアンスを維持しつつ、CLOUD Act の要求に対応すること、データの保護とプライバシーを確保するための適切な技術的および組織的措置を講じることが求められます。

各々の法規制にはそれぞれの要件があり、企業はこれらを遵守するための内部プロセスと体制を整備する必要があり、国際的な事業を展開する企業にとっては、特に多国籍な法規制を統合的に管理することが重要です。

略号

- AAC（Advanced Audio Coding）：
  MP3の後継とされ、より効率的な圧縮が可能
- ABR: Average Bit Rate：平均ビットレート
- ADPCM（Adaptive Differential Pulse Code Modulation）：
  適応型差分パルス符号変調
- AES（Advanced Encryption Standard）：
  共通鍵暗号（対称暗号）の代表的な暗号化アルゴリズム
- AI（Artificial Intelligence）：人工知能
- AI -OCR（Artificial Intelligence-Optical Character Recognition）：
  人工知能を利用した光学式文字読取り技術
- AIFF（（Audio Interchange File Format）：
  PCMデータを格納する音声ファイルフォーマット
- AIP（Archival Information Package）：OAISにおける保存パッケージ形式
- ALAC（Apple Lossless Audio Codec）：可逆圧縮のオープンソース音声コーデック
- AV1（AOMedia Video 1）：オープンソース動画コーデック
- AVI（Audio Video Interleave）：古くから使われている圧縮機能
- BMP（Bit Map）：
  Windowsがシステムレベルでサポートしている最も一般的なファイル形式
- CAD（Computer Aided Design）：コンピュータ支援設計
- CBR：Constant Bit Rate：固定ビットレート
- CCPA（California Consumer Privacy Act）：
  2020年に制定された、カリフォルニア州の消費者の個人情報保護を強化するための規制
- CLOUD Act - Clarifying Lawful Overseas Use of Data Act：
  2018年に制定された、米国の法執行機関が国外のデータをアクセスする際の法的枠組みを提供する規制
- CSV（Comma-Separated Values）：
  カンマなどの文字記号で区切られたファイル
- DFFT（DataFree Flow with Trust）：信頼性のある自由なデータ流通
- DICOM（Digital Imaging and Communications in Medicine）：
  CTやMRI、Cr等の医用画像フォーマット
- DIP（Dismissal Information Package）：OAISにおける出力パッケージ形式
- DKIM（DomainKeys Identified Mail）：電子メールのなりすましを防ぐ方法
- DNG（Digital Negative）：アドビ社によって開発された画像ファイル形式
- DPO（Data Protection Officer）：データ保護責任者
- eDiscovery（Electronic Discovery）：

訴訟手続きにおける電子データの収集、保存、検索、提出を規定
- eIDAS (Electronic Identification、Authentication and Trust Services Regulation)：
2016年に施行された、EU内での電子取引の侶頼性と安全性を確保するための
規制
- EPS (Encapsulated PostScript File)：
ページ記述言語のポストスクリプトで記述された図版を、画像ファイルとして保存
するための形式
- FLAC (Free Lossless Audio Codec)：可逆圧縮のオープンソース音声コーデック
- GDPR (General Data Protection Regulation)：
2018年に施行された、個人データの保護と自由なデータ移転を確保するための
規制
- GIF (Graphics Interchange Format)：
コンピュサーブ社が開発したデータ交換用のファイル形式
- HTML (HyperText Markup Language)：
WEBページを作成するためにつくられたマークアップ言語
- iPaaS (Integration Platform as a Service)：
企業の各種システム／データを統合的に連携できるクラウドサービス
- ISMAP (Information system Security Management and Assessment Program)：
政府情報システムのためのセキュリティ評価制度
- JPEG (Joint Photographic Experts Group)：
JPEG用に特化されたファイルフォーマット
- LTFS (Linear Tape File System)：コンピュータシステムと接続できる磁気テープ
- LTO　(Linear Tape-Open)：大容量磁気テープ
- MarkDown：
仕様が複雑化し記述が冗長になりすぎたマークアップ言語に対する反省から産
まれた記法
- MKV (Matroska Video)：オープンソースの汎用コンテナフォーマット
- MP3 (MPEG-1 Audio Layer III)：非可逆圧縮音声コーデック
- MP4 (MPEG4　Part14)：多様な音声コーデックをサポート
- MPEG-2 Video (ISO/IEC 13818-2)
- OAIS (Open Archival Information System)：
文書の流通および共有する際の文書のコンテンツとメタデータの取扱いモデル
- OCR (Optical Character Recognition)：光学式文字読取り技術
- ODF (Open Document Format)：
オフィス文書を保存するためのオープン標準ファイルフォーマット
- OGG (Ogg Vorbis)：オープンソースの音声フォーマット
- OOXML (Office Open XML)：

Microsoftが開発したXMLベースのオフィスファイルフォーマット
・Opus（Opus Interactive Audio Codec）：
IETFで開発されたオープンソースの非可逆圧縮音声コーデック
・PCM（Pulse Code Modulation）：パルス符号変調
・PDF（Portable Document Format）：
ISO 32000シリーズとして国際標準化された情報交換フォーマット
・PNG（Portable Network Graphic）：
W3C（インターネットの標準化を行っている団体）の推奨規格
・PostScript：プログラム可能なページ記述言語
・RLE（Run-Length Encoding）：ランレングス符号化
・RPA（Robotic Process Automation）：ロボットが自動実行する技術
・RSA（RivestShamir-Adleman）：
公開鍵暗号（非対称暗号）代表的な暗号化アルゴリズム
・SIP（Submitted Information Package）：OAISにおける入力パッケージ形式
・SVG（Scalable Vector Graphics）：XMLベースのマークアップ言語
・TIFF（Tagged Image File Format）：
アルダス社（アドビ社に吸収合併された）が中心となって開発したフォーマット
・TSA: Time Stamping Authority）：時刻認証局
・UDF（Universal Disk Format）：
コンピュータシステムと接続できる光ディスク
・US CERT（United States Computer Emergency Readiness Team）：
米国土安全保障省のサイバーセキュリティ インフラストラクチャー セキュリティ庁
（CISA）が運営するセキュリティ組織
・VBR:（Variable Bit Rate）：可変ビットレート
・VP9（Video Processing 9）：映像コーデック
・WAV（Waveform Audio File Format）：非圧縮の音声フォーマット
・WBS（Work Break down Structure）：作業分解構成図
・WMA（Windows Media Audio）：WMAコーデック用の音声フォーマット
・XML（eXtensible Markup Language）：
階層構造を持つデータを表現することができる汎用的なマークアップ言語

参考文献

1. 規格

- JIS K 7641：2008　写真−現像処理済み安全写真フィルム−保存方法
- JIS Q 9001：2015（ISO 9001：2015）　品質マネジメントシステム−要求事項
- JIS Q 14001：2015（ISO 14001：2015）　環境マネジメントシステム−要求事項および利用の手引き
- JIS Q 15001：2023　個人情報保護マネジメントシステム−要求事項
- JIS Q 27001：2023（ISO／IEC 27001：2022）情報セキュリティ、サイバーセキュリティおよびプライバシー保護−情報セキュリティマネジメントシステム−要求事項
- JIS Q 21500:2018（ISO 21500:2012）　プロジェクトマネジメントの手引
- JIS S 5506：2014　フォルダーおよびガイド
- JIS X 0213：2000　7ビットおよび8ビットの2バイト情報交換用符号化拡張漢字集合
- JIS X 0606：1998　情報交換用CD−ROMのボリューム構造およびファイル構造
- JIS X 0836：2005（ISO 15836：2003）　ダブリンコアメタデータ基本記述要素集合
- JIS X 0902-1：2019（ISO 15489-1：2016）　情報およびドキュメンテーション−記録管理−第1部：概念および原則
- JIS X 4301：1995　（ISO/IEC 10918-1：1994）　連続階調静止画像のディジタル圧縮および符号処理−第1 部　要件および指針
- JIS X 6257：2022　長期データ保存用光ディスクの品質判別方法および長期保存システムの運用方法
- JIS X 6933：2003　情報技術−事務機械−テストチャートによるカラー複写機の画像再現性能評価方法
- JIS Z 6009：1994　銀−ゼラチンマイクロフィルムの処理および保存方法
- JIS Z 6015：2022　電子文書管理
- JIS Z 6016：2015　紙文書およびマイクロフィルム文書の電子化プロセス
- JIS Z 6017：2013　電子化文書の長期保存方法
- JIS Z 6020：2023　文書管理―文書保存のための要求事項
- JIS Z 83051：962　活字の基準寸法
- ISO 4669-1:2023 文書管理−情報の分類,マーキングおよび取り扱い−第1部：要求事項
- ISO 9660：2023　情報処理−情報交換用CD-ROMボリュームおよびファイルの構造
- ISO 12653-3：2014　エレクトロニックイメージング−オフィス文書の走査の試験

標板−第3部：低解像度で使用する試験標板
- ISO 14721：2012　宇宙データおよび情報転送システム−オープンアーカイバル情報システム（OAIS）−標準モデル
- ISO/IEC 15444-1：2024　情報技術−JPEG 2000画像符号処理システム−第1部：コア符号化システム
- ISO 19005-1：2005　文書管理−長期保存のための電子文書ファイル形式−第1部：PDF 1.4（PDF/A-1）の使用
- ISO 19005-2：2011　文書管理−長期保存のための電子文書ファイル形式−第2部：ISO 32000-1（PDF/A-2）の使用
- ISO 19005-3：2012　文書管理−長期保存のための電子文書ファイル形式−第3部：埋込ファイル（PDF/A-3）を用いるISO 32000-1の使用
- ISO 19005-4：2020　文書管理−長期保存のための電子文書ファイル形式−第4部：ISO 32000-2の使用　　（PDF/A-4）
- ISO 30300：2020　情報およびドキュメンテーション−記録マネジメント−コアコンセプトおよび用語
- ISO 30301：2019　情報およびドキュメンテーション−記録のためのマネジメントシステム−要求事項
- ISO 30302：2022　情報およびドキュメンテーション−記録のためのマネジメントシステム−実施の指針
- ISO 32000-1：2008　文書管理−ポータブルドキュメントフォーマット−第1部：PDF1.7
- ISO 32000-2：2020　文書管理−ポータブルドキュメントフォーマット−第2部：PDF2.0

2. 参考資料

- 「紙から電子の社会をめざして　JIIMAビジョン2012」公益社団法人日本文書情報マネジメント協会、2012.10
- 「安心で社会生産性の高い電子文書情報社会の構築をめざしてJIIMAビジョン2016」公益社団法人日本文書情報マネジメント協会、2016.5
- 「DXを加速させる文書情報マネジメント」公益社団法人日本文書情報マネジメント協会、2020.9
- 「中間とりまとめ」産業構造審議会　知的財産分科会 営業の秘密・活用に関する小委員会、H27.2

- 「営業秘密管理指針（全部改訂版）」経済産業省、H31.1.23
- 「秘密情報の保護ハンドブック　〜企業価値向上に向けて〜」経済産業省（最終改定　令和6年2月）
- 「営業秘密の保護・活用について」経済産業省、H29.6
- 「営業秘密管理の考え方−営業秘密管理のための手順−」経済産業省、H25.8
- 「事業継続ガイドライン　第二版」内閣府、H21.11
- 「事業継続ガイドライン　第三版」内閣府、H25.8
- 「JIIMA 危機管理を目的とした文書・記録管理ガイドライン」社団法人日本文書情報マネジメント協会、2011.3
- 「先使用権制度の円滑な活用に向けて　−戦略的なノウハウ管理のために−（第2版）」特許庁、R4.4
- 「五訂ファイリング　システム」三沢 仁、日本経営協会総合研究所、S62.12
- 文書の電磁的保存等に関する委員会報告書、H17.5
- 「JIIMA 電子化文書の画像圧縮ガイドライン」社団法人 日本画像情報マネジメント協会、2011.10
- 「NARA Bulletins 2014-04 Revised Format Guidance for the Transfer of Permanent Electronic Records」、 February 4, 2014
- 「国立国会図書館資料デジタル化の手引き2017年版」国立国会図書館、H29.4
- 「医療情報システムの安全管理に関するガイドライン 第6.0版」厚生労働省、2022.5
- 「要望　電子媒体学術情報の恒久的な蓄積・保存・利用体制の整備・確立」日本学術会議、2005.9
- 「電子情報保存に係る調査研究報告書」国立国会図書館、H15.3
- 「JIIMA 磁気テープを用いたアーカイブガイドライン」公益社団法人日本文書情報マネジメント協会、2015.3
- 「JIIMA　文書情報マネジメントセンター　サービス・ガイドライン」公益社団法人日本文書情報マネジメント協会、2013.10.1
- 「DATA GENOMICS INDEX 日本語版」Veritas Technologies、2016.3
- 「リサイクル対応型機密文書処理ガイドライン」公益財団法人古紙再生促進センター、2020.3
- 「海洋への隕石落下に伴う津波リスク評価」後藤 他、日本惑星科学会誌Vol.22、No.4（2013）
- 「内部不正による情報セキュリティインシデント実態調査　−調査報告書−」独立行政法人 情報処理推進機構、2016.3.3

- 「サイバーセキュリティ経営ガイドライン Ver 3.0」経済産業省・独立行政法人情報処理推進機構、2023.3.24
- 「国民のための情報セキュリティサイト」総務省
- 「地方公共団体における情報セキュリティポリシーに関するガイドライン（令和6年10月版）」総務省、R6.10
- 「中小企業の情報セキュリティ対策ガイドライン 第3.1版」独立行政法人 情報処理推進機構、2024.12.20
- 「情報セキュリティポリシーに関するガイドライン」情報セキュリティ対策推進会議 H12.7.18
- 「2018年情報セキュリティインシデントに関する調査報告書【速報版】」NPO日本ネットワークセキュリティ協会、2016.6.17
- 「組織における内部不正防止ガイドライン第5版」独立行政法人 情報処理推進機構、2022.4
- 「企業行動の開示・評価に関する研究会中間報告」経済産業省企業行動の開示評価に関する研究会、H17.8
- 「財務報告に係る内部統制の評価および監査に関する実施基準」金融庁企業会計審議会、H19.2
- 「コーポレートガバナンス・コード　～会社の持続的な成長と中長期的な企業価値の向上のために～」株式会社東京証券取引所、2021.6.11
- 「知的財産分野におけるタイムスタンプの活用」NRI-CP通信 2016 Vol.2

索引 INDEX

数字

16 ビットカラー	31
24 ビットカラー	31
256 階調	31
2 値	31
2 値化	38
32 ビットカラー	31
8 ビットカラー	31

A

AAC	42
AI	81 , 133
AIFF	49
AI-OCR	126 , 129
ALAC	42
API	15 , 54 , 71
AVI	49 , 50

B

BMP	47

C

CCITT G3 ／ G4 圧縮	35
CCPA	70 , 154 , 178
CMS	37
CMYK	29

D

Deflate 圧縮	34
DICOM	48
DivX	43
DKIM	91
DNG	48
dpi	32

E

eDiscovery	178
eIDAS	177
EPS	46

F

FLAC	42

G

GDPR	177
GIF	47

H

H.264	43
H.265	43
HSV モデル	30

I

ICC プロファイル	37
ID	87 , 88 , 89
iPaaS	120
IT 基本法	165
IT 書面一括法	165

J

JBIG 圧縮	35
JPEG	34 , 47
JPEG 2000	34 , 48
J-SOX 法	170

L

Lab モデル	30
LTO カートリッジ	106
LZW 圧縮	34

M

MKV	49 , 50
MP3	41
MP4	49 , 50
MPEG-2	43
MPEG-PS	51

O

OAIS	81
OCR	126
ODF	44
OGG	49
OOXML	44
Opus	42

P

PAdES	46

INDEX 索引

PCM …………………………… 41
PDF …………………………… 44
PET …………………………… 109
PL法 …………………………… 172
PNG …………………………… 47
PSNR …………………………… 66

Q

QRコード ………………… 62,130

R

RAW …………………………… 48
RGB …………………………… 29
RLE …………………………… 35
RPA …………………………… 124

S

SNS ………………………… 82,120
SOX法 ………………………… 170
SSIM …………………………… 66

T

TIFF …………………………… 47

V

VP9 …………………………… 43

W

WAV …………………………… 49
WBS …………………………… 136
WMA …………………………… 49

X

Xvid …………………………… 43
XYZモデル …………………… 30

Y

YUZモデル …………………… 30

あ

アーカイブ ………… 49,109,168
アクセス権限の管理 ………… 89
アクセス権の管理 ………… 54,86
アクセス権限 …… 11,88,99,150

アクセス制御 ………… 7,87,160
圧縮方式 ……………… 30,33,34
圧縮率 …………………… 33,34
アルファチャネル …………… 31
暗号化 ………………………… 89

い

移行 …………………………… 100
異体字 ………………………… 28
一時保管 ……………………… 62
イメージ情報 ………………… 46
イメージデータ ………… 30,126
色再現 ………………… 37,64
インデックスカラー ………… 31
インデックス情報 ……… 79,116

う

写し …………………………… 99
移し替え ……………………… 100
裏写り ………………………… 64

え

営業秘密 ……………… 155,172
映像コーデック ………… 43,51
エッジ ………………………… 40
エンコーダ ……………… 48,50

お

オープン性 …………………… 71
音声コーデック ………… 41,49

か

改ざん痕 ……………………… 38
外字 …………………………… 28
会社法 ………………………… 170
解像度 ………………………… 32
解像力図票 …………………… 65
階調 …………………………… 32
回避 …………………… 71,113,154
外部保存倉庫 ………… 106,115
可逆圧縮 ……………………… 26
加色混合 ……………………… 29
画像PDF ……………………… 45
可読性 ………………………… 8
紙文書 …………… 4,45,54,58
可用性 ………………………… 75

索引

187

カラー色数 ………………………… 30
カラー写真図票 …………………… 65
カラースペース …………………… 36
カラーテーブル …………………… 31
カラーパレット …………………… 31
カラーマネジメント ……………… 36
カラーモデル ……………………… 29
完全性 ……………………………… 7
ガントチャート ………………… 137
ガンマ特性 ………………………… 38
ガンマ補正 ………………………… 38
管理台帳 ……………………… 80,112

き

機密性 ……………………………… 83
キャプチャ ……………………… 120
キャリブレーション ……………… 37
行政手続きオンライン化法 …… 168
行政文書 ………………………… 168
強調処理 …………………………… 39
共同編集 …………………………… 78
共有 …………………………… 55,70
記録 ……………………………… 123
記録媒体 ……………… 15,17,109
金融商品取引法 ………………… 170

く

クラウド ………………………… 54,70
クラウド法 ……………………… 178
グリフ ……………………………… 28
グレースケール …………………… 31

け

経緯情報 ………………………… 6,62
刑事訴訟法 ……………………… 173
欠損 ………………………………… 63
検索性 ………………… 12,17,107
検索 …………………………… 5,79
減色混合 …………………………… 29
現像 ………………………………… 48
見読性 ……………………………… 8
原本性 …………………………… 164

こ

公開鍵 ………………………… 90,94
公開鍵暗号方式 …………………… 90

構造化データ ……………………… 82
公文書管理法 …………………… 168
コーポレートガバナンス ……… 174
個人情報保護法 ………………… 168
コンプライアンス ………… 170,176
コンテンツ ………… 81,82,83,114
コントラスト補正 ………………… 38

さ

サイバーセキュリティ ………… 167
算術符号圧縮 ……………………… 35
サンプリング …………………… 22,24
サンプリング レート …………… 40

し

シートフィーダ型 ………………… 59
シェーディング補正 ……………… 37
色相 …………………………… 30,66
磁気テープ ……………… 106,110
識別子 …………………………… 80
事業継続計画 …………………… 157
試験標板 ………………………… 58,64
自己修正文書 ……………………… 56
自動化 …………………………… 120
自動向き補正 ……………………… 60
什器 ……………………………… 103
重要経済安保情報保護活用法 ……… 169
取得 ……………………… 10,55,56
受領プロセス ………… 8,10,55,62
商業帳簿 ………………………… 173
証拠性 …………………………… 93
証拠能力 …………………………… 91
証拠力 …………………………… 172
情報ガバナンス …………………… 2
情報公開法 ……………………… 168
情報セキュリティポリシー …… 175
書庫 ……………………………… 104
処理プロセス …………………… 10,55
真実性 …………………………… 174
真正性 ………………… 7,91,92,99

す

スキャニング …………… 58,63,174
スキュー …………………………… 59
スコープ ………………………… 136
すじ ……………………………… 64

INDEX 索 引

ステークホルダー …………………… 2, 7
ステークホルダ …………………… 136
スマートフォン …………………… 50
スレッショルド ……………………… 38, 59

せ

生成 AI ……………………………… 82
製造物責任法 ……………………… 172
セキュリティ対策 ……… 156, 167, 168, 176
説明責任 …………………………… 4, 7
先使用権制度 ……………………… 174
全文検索 …………………………… 11, 82

そ

相互運用 …………………………… 71
送付 …………………………… 11, 56, 73
ソーシャルメディア ……………… 78
属性情報 …………………………… 128

た

対角線図票 ………………………… 65
タイムスタンプ …………………… 94
ダブリンコア ……………………… 80
ダブルフィード …………………… 59
タブレット ………………………… 23, 93

ち

長期保存 …………………… 109, 110, 111
著作権法 …………………………… 170

て

ディザ処理 ………………………… 39
データ圧縮 ………………………… 26, 33
データ記法 ………………………… 25
データ法 …………………………… 177
データ保護 ……………………… 13, 70, 112
テキスト形式ファイル …………… 62
テキストマイニング ……………… 82
デコーダ …………………………… 48, 50
デジタル化 ……………………… 165, 167
デジタルカメラ …………………… 23
デジタル社会形成基本法 ………… 165
電子化文書 ……………………… 45, 63, 164
電子証明書 ………………………… 94
電子署名 ………………………… 94, 150, 166

電子署名法 ………………………… 166
電子帳簿保存法 …………………… 166
電子文書 …………………………… 22

と

同期性図票 ………………………… 65
トゥルーカラー …………………… 31
登録票 ……………………………… 61
トーンカーブ ……………………… 38, 59
特定秘密保護法 …………………… 169
特定認証業務 ……………………… 94, 166
取扱い …………………………… 7, 16, 56
取扱い過程 ………………………… 8, 10
ドロップアウトカラー …………… 59

な

内部統制 ……………………… 147, 170
ナンバリングマシン ……………… 61

に

認可 ………………………………… 13, 88
認証 ………………………………… 74, 87

の

濃淡階調図票 ……………………… 66

は

バーコード ………………………… 62, 130
ハードディスク …………………… 91, 110
ハイカラー ………………………… 31
廃棄 ………………………………… 17, 115
配付プロセス ……………………… 11, 55
破棄 ………………………………… 115
バックアップ ……………… 72, 112, 117
ハッシュ値 ……………… 8, 94, 112, 158
ハフマン圧縮 ……………………… 34
パレットカラー …………………… 31

ひ

非可逆圧縮 ………………………… 26
光ディスク ………… 100, 106, 109, 111
引渡し ……………………………… 10, 17
ピクセル …………………………… 26, 31
非構造化データ …………………… 82
ビット深度 ………………………… 40

索引

索引 INDEX

ビットマップ …………………… 47
ビットレート …………………… 40
秘密鍵 ……………………… 90,94
標本化 …………………………… 22
品質検査 ………………………… 63

ふ

ファイルフォーマット …………… 44
フォント ………………………… 28
フォルダ ………………… 101,106
複合文書 ………………………… 56
複製 …………………… 58,78,170
不正競争防止法 ……………… 172
フルカラー ……………………… 31
フレーム ………………… 24,41
フレームレート ………… 24,42
プロジェクト ………………… 136
プロジェクトマネジメント …… 136
ブロックノイズ ………………… 34
文書 ……………………………… 4
文書情報 ………………………… 4
文書情報マネジメント ……… 4,6
文書 PDF ……………………… 45

へ

ベクトル検索 …………………… 82
変換 ……………………… 10,11,19

ほ

法定保存文書 ………………… 139
法令遵守 ……………………… 2,140
保管 ……………………………… 63
保管（紙文書） ……………… 102
補色 ……………………………… 30
保存運用 ……………… 7,16,58
保存運用過程 ………………… 8,11
保存環境 ……………… 108,115
保存期間 ………………………… 98
保存義務 …………… 139,166
保存庫 ………………… 103,106
保存性 ………………… 173,174
保存の単位 …………………… 101
保存媒体 ……………………… 108
保存プロセス ………………… 8,11
ホワイトバランス ……………… 37

ま

マーク …………………………… 83
マイグレーション …………… 100
マイクロフィルム ………… 100,108
マイクロフィルム文書 ……… 54,58,64
マイナンバー法 ……………… 167

み

民事訴訟法 …………………… 172

め

明暗差 …………………………… 38
メタデータ …………………… 5,62

も

モアレ …………………………… 40
文字集合 ………………………… 27
文字符号化方式 ………………… 27
モスキートノイズ ……………… 34
モノクロ2値 ………………… 32,36

り

リスクマネジメント ………… 154
量子化 …………………………… 22

れ

レポジトリ …………………… 105

ろ

ログデータ …………………… 134

わ

ワークフローシステム ……… 140

「文書情報マネジメント」
公益社団法人　日本文書情報マネジメント協会
文書情報マネジメント編集委員会編

2025 年 4 月 25 日（初版発行）
定価 3,300 円（税込）

発行　　公益社団法人 日本文書情報マネジメント協会
〒 101-0041　東京都千代田区神田須田町 2 丁目 19
ライダーズビル 7 階
電話　03-5244-4781
法人番号　6010005003693

落丁・乱丁本はお取替えいたします。
本書記載内容の無断転載・複製を禁じます。